AS PEDRAS, A PONTE E A DIFÍCIL TRAVESSIA

Impactos sociais e políticos da Revolução Tecnológica

Luiz Soares

I0757023

Para Cecília e Breno

Sempre

Marco Polo descreve (para o Imperador Mogol) uma ponte, pedra por pedra.

- Mas qual pedra sustenta a ponte? – Pergunta Kublai Khan.

- A ponte não é sustentada por esta ou aquela ponte – Responde Marco Polo – , mas pelo arco que elas formam.

- Kublai Khan permanece em silêncio refletindo, depois pergunta:

- Por que falar das pedras? Só o arco me interessa.

- Sem pedras o arco não existe. – Responde Marco Polo

(Ítalo Calvino – As Cidades Invisíveis)

Indice

Introdução

É ato irresistível tentar imaginar as mudanças a serem geradas pela atual revolução tecnológica como uma sucessão de equipamentos e aplicativos que invadirão nosso cotidiano alterando na forma e na velocidade o modo de fazer coisas que sempre fizemos.

Com as mudanças em curso temos substituído o convívio e as conversas por mensagens trocadas digitalmente, realizado transações comerciais e financeiras com simples toques nas telas de um smartphone ou recebendo notícias sobre um evento em um local do outro lado do planeta simultaneamente à sua ocorrência.

Esses exemplos, entretanto, são a face externa de um processo que irá desafiar a estrutura social, econômica e política do mundo como conhecíamos.

Mudanças que, ao mesmo tempo que se travestem de inovações meramente científicas, são alterações na forma como o trabalho é atualmente realizado, impactando a vida de indivíduos, empresas, instituições e nações.

Pensar essa radical transformação ignorando suas consequências políticas e sociais implica na validação do mais brutal processo de concentração de rendas da história, com a consequente condenação da maior parte da humanidade a toda sorte de privações.

Das lições da passagem da agricultura para a indústria, há menos de três séculos atrás, podemos extrair ensinamentos que orientem a ação política e social capaz de romper a espiral concentradora e permitir que os ganhos de produtividade sejam partilhados por toda sociedade, abrindo caminho para uma transição a um mundo no qual cada indivíduo tenha plenas condições de desenvolver suas potencialidades.

Como o viajante veneziano, nosso desafio neste trabalho é descrever as pedras que sustentam as mudanças em curso para entender como cruzar a ponte.

Prefácio

Quando a Revolução Industrial, no século XVIII, rompeu com o modo de produção baseado na agricultura, o impacto foi dramático na política, na econômica e nas relações sociais.

As estruturas de poder, a organização social e os marcos legais foram alterados e enormes parcelas da população, dos países que pioneiramente iniciaram a industrialização, foram deslocadas para cidades, buscando a sobrevivência em árduas jornadas de trabalho em fábricas e minas de carvão.

A crescente importância econômica da burguesia industrial em breve a iria fazer reclamar o poder político, substituindo a fundamentação na tradição e na religião por novos arranjos institucionais.

Mulheres e crianças faziam parte efetiva dos novos grupos de trabalhadores fabris, submetidos ao mesmo rigor de tarefas.

Se a vida no campo, característica no regime feudal, economicamente ancorado na agricultura, não gerava uma separação física da vida privada em relação ao local de trabalho, nem a separação das famílias, que normalmente dividiam e compartilhavam as atividades na área agricultável, com a revolução industrial foi criada uma nova forma de organização das atividades laborais, ocasionando a total separação entre o espaço de exercício profissional e o de convívio familiar.

Ao desenhar as modificações que vêm sendo operadas em função do crescente aumento do uso de tecnologias para realizar tarefas, tanto no cotidiano doméstico quanto no ambiente profissional, vamos perceber que todas as variáveis impulsionadoras das mudanças no decorrer da revolução industrial, e de suas etapas evolutivas, estarão presentes com muito mais intensidade e com maior percepção por toda a sociedade.

Esse aumento de intensidade e a dimensão das consequências têm relação não apenas com a velocidade a que são introduzidas novas tecnologias e plataformas interativas no dia a dia, mas também com a escala populacional, que cresceu de cerca de 1 bilhão de habitantes no período da revolução industrial para os quase 8 bilhões que hoje habitam nosso planeta.

Nestes poucos séculos que nos separam daquela época, avanços sociais e institucionais foram realizados, protegendo e garantindo educação para crianças, sustento a idosos e incapacitados, saúde e saneamentos públicos, entre outras atividades, sendo boa parte destas realizadas não por motivações humanísticas e sim por exigência do processo produtivo, pela organização e mobilização dos trabalhadores e pela garantia de criação de um mercado consumidor.

Entretanto, paralelamente as linhas de evolução tecnológicas, observamos atualmente um constante e persistente enfraquecimento dessas instancias institucionais, acompanhadas de uma brusca alteração da forma como até então eram exercidas as atividades profissionais.

A automação e a robótica, além dos ganhos de escala de produção, promovem a cada nova geração uma redução dos custos de equipamentos, além de aumentar sua capacidade de estocar informações e de processar dados de forma cada vez mais veloz.

Trabalhando com arquitetura parcialmente aberta e interligados nas nuvens, robôs e máquinas remotamente operados, compartilham o aprendizado, fazendo com que uma nova característica "aprendida" por um deles sejam rapidamente ou até instantaneamente compartilhadas pelos demais.

Impactos diretos serão, por exemplo, carros inteligentes que conhecerão tudo sobre trânsito, ruas, estradas, localização de pontos de abastecimentos (onde poderão se conectar, abastecer e pagar sem a interferência humana) ou aviões com decolagens e aterrisagens autônomas.

Se a isso somarmos, por exemplo, robôs que podem controlar o estoque de uma rede varejista, ler um pedido e providenciar a remessa dos itens encomendados, teremos o fim ou a enorme redução de trabalhadores envolvidos na cadeia de atividades do varejo, um dos ramos da economia que mais gera empregos atualmente.

Todas as atividades produtivas têm uma parcela rotineira, sempre maior quanto menos criatividade for exigida para sua execução, o que pode atingir, em algumas operações, níveis superiores a 90 % das etapas previstas para sua conclusão.

As rotinas são, evidentemente, as mais passíveis de substituição, porém ao criar grandes bancos de dados, usar algoritmos capazes de classificar gostos e tendências e acessar redes sociais nas quais grande parte da população manifesta, voluntariamente ou em função dos ambientes virtuais que frequente, suas preferencias mais intimas, sistemas avançados podem predizer, com uma probabilidade elevada de acerto, como agradar um consumidor ou até como influenciar um eleitor.

O uso combinado de inteligência artificial e redes neurais, que permitem às máquinas aprender, corrigir e ajustar suas atividades, juntamente com capacidades de adquirir todo o conhecimento publicado na maior biblioteca do mundo e de processar em tempo real solução para praticamente todos os problemas formulados, dotando-as de condições para criar, gera o que se passou a chamar singularidade, o momento em que as máquinas adquirem a capacidade de auto programação, tema que vem servindo de enredo para um inúmeras obras de ficção científica.

 Porém, o principal desafio será a adequação da estrutura social para permitir que os ganhos de produtividade e uma crescente parcela da mais valia gerada sejam distribuídos de forma mais igualitária.

Até o momento o que se tem visto é um gigantesco processo de concentração de rendas e exclusão, que irá levar aos limites da capacidade de adaptação do modelo capitalista, hoje prevalecente, com a maior disparidade entre nações e entre as parcelas da população de um mesmo país.

A proposta deste trabalho é demonstrar que a forma como forem implementadas as mudanças decorrentes da revolução tecnológica (*), também chamada de quarta revolução industrial, sustentada por uma visão ultra liberalizante e com a hegemonia do capital financeiro, a situação gerada será insustentável política, econômica e socialmente.

(*) Neste trabalho optei por chamar de *"revolução tecnológica"* as mudanças no ambiente econômico, social e político atualmente em curso, também conhecida como *"quarta revolução industrial"*

CAPÍTULO 1: Trabalho

> *"Marcam época, na história da acumulação primitiva, todas as transformações que servem de alavanca à classe capitalista em formação, sobretudo aqueles deslocamentos de grandes massas humanas, súbita e violentamente privadas de seus meios de subsistência e lançadas no mercado de trabalho como levas de proletários destituídos de direitos"*
>
> (Marx – O Capital)

Ao substituir a agricultura do papel central da economia, o processo de industrialização promoveu a transferência da terra, como mais importante fator de produção e em torno do qual se organizavam as esferas de poder e de vida social, para fábricas, sustentadas por um conjunto de fatores formado por máquinas, matérias primas e capital, cuja acumulação se dava não apenas pelo controle patrimonial dos dois primeiros fatores mas principalmente pela retirada de lucro, sob a diferença entre o valor agregado na produção e o pagamento da mão de obra, remunerada com valores que mal garantiam sua sobrevivência.

Esta alteração trazia os vetores de mudança que iriam se desenvolver nos dois séculos seguintes, só sendo parcialmente alterados por novas condições gestadas em seu próprio interior.

A necessidade de dominar a exploração de matérias primas indicava o prenúncio da maior expansão colonial da história, na medida em que as riquezas minerais e naturais exigidas pela indústria não estavam, em sua maior parte, em solo europeu, situação aliás que permanece, com outras características, até os dias de hoje, por exemplo, no caso de petróleo, gás, urânio e lítio.

Diferente da bandeira de expansão do cristianismo, levantada por Portugal e Espanha, a Inglaterra, pais que liderou a revolução industrial, vai avançar para as colônias com o argumento de que sua superioridade tecnológica trazia a reponsabilidade moral de ajudar o desenvolvimento dos países colonizados.

Tal ideário colonial conformou o conceito ocidente-oriente que, menos determinado pela localização geográfica de cada país, impõe a lógica do ocidente industrial civilizado cristão, posição assimilada pelas nações europeias e pelos Estados Unidos, em contraste com o oriente, hoje estendido a todo o sul global, exercendo o papel de supridor de matérias primas, mão de obra barata e iguarias.

A visão e o discurso sobre o oriente consolidam a percepção de superioridade moral, econômica e intelectual do ocidente, antes europeu e no pós-guerra atlanticista, com a hegemonia americana. justificando e legitimando o exercício do poder de governar, doutrinar, julgar e punir os colonizados.

As intervenções de Sir Arthur James Balfour realizadas em 1910 na Câmara dos Comuns, por exemplo, destacam os dois aspectos para justificar a presença e domínio colonial: o conhecimento e o poder.

Balfour, com a inquestionável autoridade conferida pelos diversos cargos de representação do Império em colônias, justifica a necessidade histórica dos ingleses de exercer a administração dos governos de povos incapazes de gerir seu destino:

> "Em primeiro lugar, considerem os fatos da questão. Tão logo surgem na história, as nações ocidentais já mostram os primórdios daquelas capacidades para o autogoverno [...] tendo méritos próprios. [...] pode-se examinar toda a história dos orientais no que se chama, falando amplamente, o Leste, e jamais se encontrarão vestígios de autogoverno. Todos os seus grandes séculos — e eles têm sido grandes — foram passados sob despotismos, sob um governo absoluto. Todas as suas grandes contribuições para a civilização — e elas têm

sido grandes — foram feitas sob essa forma de governo. Conquistador sucedeu a conquistador, uma dominação seguiu-se à outra, mas jamais, em todas as reviravoltas do destino e da fortuna, se viu uma daquelas nações estabelecer de moto próprio o que nós, de um ponto de vista ocidental, chamamos de autogoverno".

"É bom para estas grandes nações — admito a sua grandeza — que esse governo absoluto seja exercido por nós? Acho que é bom. Acho que a experiência mostra que sob nosso domínio eles conseguiram um governo muito melhor do que jamais tiveram em toda a história do mundo, um governo que não só é um benefício para eles, mas indubitavelmente um benefício para todo o Ocidente civilizado [...] estamos no Egito não somente por causa dos egípcios, embora ali estejamos por sua causa; estamos ali também por causa da Europa em geral"

(Edward Said – Orientalismo)

Antes da revolução industrial, o núcleo produtivo, que se articulava em torno das famílias, dividia as tarefas nas plantações e pecuária ou em torno de artesões cuja especialização, conhecimentos e métodos de fabricação passavam de geração em geração da mesma família.

A atividade fabril e extrativa, para onde foi relocada a maior parte da população, se organizava com a divisão de tarefas entre setores de uma mesma unidade produtora, agregando trabalhadores e, função de habilidades específicas e não mais por vínculos familiares, característica organizacional que se torna a principal da chamada segunda revolução industrial.

Friedrich Engels em seu livro "A Situação da Classe Trabalhadora na Inglaterra aborda essa transição:

"Já observamos que o proletariado nasce com a introdução das máquinas. A veloz expansão da indústria determinou a demanda de mais braços; os salários aumentaram e, em consequência, batalhões de trabalhadores das regiões agrícolas emigraram para as cidades - a população cresceu rapidamente e quase todo o acréscimo ocorreu na classe dos proletários. Mesmo na Irlanda - onde apenas no princípio do século XVIII reinou certa ordem -, a população, mais que dizimada pela barbárie inglesa nas agitações do passado, aumentou rapidamente, em particular a partir do momento em que o desenvolvimento industrial começou a atrair para a Inglaterra uma multidão de irlandeses. Surgiram assim as grandes cidades industriais e comerciais do Império Britânico, onde pelo menos três quartos da população fazem parte da classe operária e cuja pequena burguesia se constitui de comerciantes e de pouquíssimos artesãos. Adquirindo importância ao converter instrumentos em máquinas e oficinas em fábricas, a nova indústria transformou a classe média trabalhadora em proletariado e os grandes negociantes em industriais; assim como a pequena classe média foi eliminada e a população foi reduzida à contraposição entre operários e capitalistas, o mesmo ocorreu fora do setor industrial em sentido estrito, no artesanato e no comércio: aos antigos mestres e companheiros sucederam os grandes capitalistas e operários, os quais não têm perspectivas de se elevarem acima de sua classe; o artesanato industrializou-se, a divisão do trabalho foi introduzida rigidamente e os pequenos artesãos que não podiam concorrer com os grandes estabelecimentos industriais foram lançados às fileiras da classe dos proletários. Ao mesmo tempo, com a supressão do antigo artesanato e com o aniquilamento da pequena burguesia, desapareceu para o operário qualquer possibilidade de tornar-se burguês. Até então, sempre lhe restava a chance de instalar-se em algum lugar como mestre artesão e talvez contratar companheiros; agora, com os mestres suplantados pelos industriais, com a necessidade de grandes capitais para tocar qualquer iniciativa autônoma, o proletariado tornou-se uma classe real e estável da população, enquanto antes não era muitas vezes mais que um estágio de transição para a burguesia. Agora, quem quer que nasça operário não tem outra alternativa senão a de viver como proletário ao longo de sua existência."

Com o desenvolvimento do processo de industrialização, sob a égide do capitalismo, logo a massa de trabalhadores, em função das atividades que cada um desempenha na produção, se dividiu entre o grupo que realiza as intervenções físicas e os que trabalham nas fases intelectuais, como planejamento, supervisão e gerenciamento financeiro, que passam a constituir uma elite de trabalhadores que reproduz a ideologia dos proprietários e atuam para manter a lucratividade do empreendimento.

Emile Durkheim, em seu livro "A Divisão Social do Trabalho", chamou o sentimento que mantém a coesão entre os trabalhadores, em particular da classe operária, de Solidariedade Orgânica, um vínculo que surge do convívio e da interdependência na execução de tarefas.

"A divisão do trabalho supõe que o trabalhador, longe de ficar curvado sobre sua tarefa, não perde de vista seus colaboradores, mas age sobre eles e sofre sua ação. Não é, pois, uma máquina que repete movimentos dos quais ele não percebe a direção, mas ele sabe que elas tendem para algum lugar, para um objetivo que ele concebe mais ou menos distintamente. Ele sente que serve para alguma coisa. Para isto, não é necessário que ele abranja vastas regiões do horizonte social, basta que ele perceba o suficiente para compreender que suas ações têm um fim fora delas mesmas. Daí, por especial e uniforme que possa ser sua atividade, é a de um ser inteligente, porque ela tem um sentido e ele o sabe. Os economistas não teriam negligenciado este caráter essencial da divisão do trabalho e, por conseguinte, não a deixariam exposta a este reparo imerecido, se eles não a tivessem reduzido a ser senão um meio de aumentar o rendimento das forças sociais, se eles tivessem visto que ela é, antes de mais nada, uma fonte de solidariedade."

A partir deste vínculo foram formadas organizações e realizadas ações no sentido de garantir mais segurança no trabalho, melhores condições de remuneração, criação de sistemas de previdência, entre outros temas, com o surgimento do movimento sindical.

O limite para mudanças lideradas pelo movimento sindical, entretanto, se situava na obtenção de melhorias da situação trabalhista, sem avançar em mudanças políticas estruturais.

Lênin, em seu livro "O que fazer?", destaca que a mola propulsora de movimentos reivindicatórios era a motivação econômica e a precária situação dos trabalhadores, cabendo aos partidos de classe introduzir aspectos filosóficos e políticos que demarcassem as estratégias para superação do capitalismo:

> "Dissemos que a consciência social-democrata, os operários nem sequer a podiam ter. Esta só podia ser introduzida de fora. A história de todos os países testemunha que a classe operária, exclusivamente a partir de suas próprias forças, é capaz de desenvolver apenas uma consciência trade-unionista, ou seja, a convicção de que é necessário agrupar-se em sindicatos, lutar contra os patrões, exigir do governo estas ou aquelas leis necessárias aos operários etc. A doutrina do socialismo nasceu de teorias filosóficas, históricas e econômicas elaboradas por representantes instruídos das classes possuidoras, a intelligentsia"

Ao analisar possíveis formas de solidariedade orgânica no novo ambiente de trabalho, marcado por profundas alterações oriundas do uso cada vez mais intensivo de tecnologia na produção temos que levar em conta as dificuldades causadas pela desconcentração espacial da produção, inclusive com a fabricação de componentes em diferentes países.

Além disso, o processo de financeirização do Capital, que substituiu em larga escala os donos de uma organização empresarial, que na maioria dos casos era também seu fundador, por acionistas sem vínculos com o negócio e para quem a decisão de alocação dos recursos em outras empresas ou outros setores da economia está condicionada unicamente ao comportamento dos mercados financeiros ao redor do mundo.

Desde o início da revolução industrial, avanços políticos, sociais e institucionais foram realizados, motivados por lutas reivindicatórias do movimento sindical até modificações implementadas para impedir previamente o avanço de contestações ao sistema capitalista.

Em grande parte, foram essas ações e modificações institucionais que deram o contorno do chamado "estado de bem-estar social" predominante na Europa no pós segunda guerra.

Entretanto, paralelamente às atuais modificações introduzidas pela evolução tecnológicas, observamos um constante e persistente enfraquecimento dessas instancias institucionais e do modo como os trabalhadores exerciam suas atividades e distribuíam suas tarefas.

A existência de trabalhadores precarizados, prestando serviços a plataformas eletrônicas que intermediam as relações com fornecedores e consumidores, ofusca ou até elimina a percepção de conjunto, de trabalho compartilhado e de solidariedade social entre trabalhadores de um mesmo setor.

No grupo de trabalhadores que exercem atividades de supervisão e gestão, a segregação e de dificuldades na construção de solidariedade são influenciados pelo trabalho remoto, cujo uso foi em larga medida antecipado e ampliado pela pandemia o COVID.

Em muitos casos, etapas do trabalho são divididas entre trabalhadores de diferentes países, nos quais as práticas trabalhistas e a cultura empresarial são completamente diferentes.

As características do feudalismo, sistema social e político durante o período em que a economia tinha a hegemonia da agricultura, se baseava na tradição, nos votos de servidão e na propriedade das terras pelos senhores feudais.

Quem trabalhava transferia para o senhor parte do que produzia em troca do direito de uso e de uma parcela da produção.

No capitalismo, com a economia baseada na indústria, os trabalhadores passaram a vender sua mão de obra, desempenhando as tarefas que lhe eram atribuídas, sem ter controle sobre os resultados da produção na unidade fabril em que estavam empregados e, mesmo os artesões contratados deixam de ser donos de suas ferramentas e produzem segundo a demanda ditada pelos donos das indústrias.

Enquanto no feudalismo a exploração e a transferência de valor para os proprietários se dava por um processo de expropriação coercitiva, admitido a partir do voto de vassalagem, no capitalismo que prevalece é a retirada do lucro sob a forma da mais valia obtida com a baixa remuneração paga.

O que cria valor na matéria prima empregada e suporta os custos operacionais de uma indústria, é o trabalho incorporado e é dele que virá o lucro dos empresários.

Com a mecanização progressiva é gerada a chamada mais valia relativa, que se caracteriza pela acumulação pelos proprietários dos ganhos adicionais de produtividade ou da consequente redução da quantidade de trabalhadores utilizados na produção.

A liberdade obtida pelos trabalhadores, com a superação da servidão e da escravidão, é a teórica liberdade de poder escolher onde exercer sua atividade profissional, porém sempre dependente de se engajar em uma unidade fabril na qual todos meios de produção pertencem ao capitalista, que possui força inclusive para estabelecer ou impor os limites de valores de remuneração.

Em seu livro "O Privilégio da Servidão", o sociólogo Ricardo Antunes, resume a as atuais modificações da dinâmica capitalista e suas consequências para os trabalhadores:

"O capitalismo no plano mundial, nas últimas quatro décadas,
transformou-se sob a égide da acumulação flexível, trazendo uma
ruptura com o padrão fordista e gerando um modo de trabalho e
de vida pautados na flexibilização e na precarização do trabalho.
São mudanças impostas pelo processo de financeirização e
mundialização da economia num grau nunca antes alcançado,
pois o capital financeiro passou a dirigir todos os demais
empreendimentos do capital, subordinando a esfera produtiva e
contaminando todas as suas práticas e os modos de gestão do
trabalho. O Estado passou a desempenhar cada vez mais um
papel de "gestor dos negócios da burguesia financeira", cujos
governos, em sua imensa maioria, pautam-se pela
desregulamentação dos mercados, principalmente o financeiro e o
de trabalho.

Trata-se de uma hegemonia da "lógica financeira" que, para além
de sua dimensão econômica, atinge todos os âmbitos da vida
social, dando um novo conteúdo aos modos de trabalho e de vida,
sustentados na volatilidade, na efemeridade e na descartabilidade
sem limites. É a lógica do curto prazo, que incentiva a
"permanente inovação" no campo da tecnologia, dos novos
produtos financeiros e da força de trabalho, tornando obsoletos e
descartáveis os homens e mulheres que trabalham. São tempos
de desemprego estrutural, de trabalhadores e trabalhadoras
empregáveis no curto prazo, por meio das (novas e) precárias
formas de contrato, em que terceirização, informalidade,
precarização, materialidade e imaterialidade são mecanismos
vitais, tanto para a preservação quanto para a ampliação da sua
lógica."

O ícone da nova empregabilidade, que combina aspectos dos dois
modelos anteriores, é a empresa UBER, que bem exemplifica um novo
modelo de exploração ao qual o trabalhador adere na perspectiva de ter
autonomia e liberdade, mas que na prática o manterá extremamente

preso, uma vez que os meios de acesso ao mercado consumidor necessitam da intermediação de uma plataforma digital portadora dos dados e do canal de comunicação com os clientes.

Ao contrário da indústria que gerava produtos, que na maior parte dos casos exigia e contribuía com outros fabricantes em uma cadeia de suprimentos, as plataformas de intermediação geram um inédito processo de acumulação de capital sem a criação ou oferta de produtos.

Adicionalmente, toda responsabilidade sobre a disponibilização e manutenção do principal meio de produção, o carro, fica nas mãos do trabalhador, que não possui vínculo formal de emprego com a UBER, que fica isenta de lhe fornece coberturas securitárias e previdências, além de qualquer outro direito trabalhista consagrado, como férias e descanso semanal.

Parte dos lucros obtidos permitem, por exemplo, investir no desenvolvimento de veículos auto programáveis que, em médio prazo, poderão tornar os próprios motoristas desnecessários.

Inúmeras empresas como a UBER, ancoradas em grandes bancos de dados, os chamados Big Data, e em logaritmos sofisticados, se tornaram os maiores captadores de recursos dos grandes fundos de investimentos, que se tornaram os maiores concentradores de capital.

Como um veículo sem freios em uma ladeira, o novo sistema se desenvolve utilizando novas tecnologias digitais e combinações de tecnologias existentes, para produzir mais concentração, diminuição de postos de trabalho e precarização das condições dos existentes, gerando uma separação nunca vista entre o mundo dos proprietários e o mundo dos que nada têm.

Cèdric Duran, economista francês, ao se debruçar sobre essa situação, cunhou o título "tecno-feudalismo", caracterizando um movimento da sociedade para um modelo que incorpora tecnologias na economia, regredindo a formas de relacionamento entre patrões e empregados que se assemelha às relações feudais.

"A dominação, então, é consubstancial ao dispositivo próprio da governamentalidade algorítmica e sua dimensão política de vigilância, antecipação e controle de condutas. Quer se trate de consumidores, trabalhadores ou capitais subordinados em cadeias de valor globais, as formas pelas quais os sistemas de informação se conectam às práticas estabelecem posições de projeção – uma presença espectral – que concedem àqueles que os controlam uma vantagem estrutural, em particular por meio da centralização de dados."

(Cèdric Durand – Technofeudalisme – edição francesa)

O porte que as empresas líderes em seus setores, organizadas neste padrão, adquiriram tal dimensão que passam a ser considerados verdadeiros estados, com a facilidade de poder adequar sua contabilidade e centro financeiro nos locais, em qualquer ponto do planeta, onde tenham mais benefícios, do ponto de vista legal e tributário.

Com seu poder econômico pressionam governos e instituições para aprovar legislações e desregulações favoráveis à continuidade de suas operações nos marcos acima indicados.

Do ponto de vista ideológico, difundem o conceito de empreendedorismo para trabalhadores que investirão todas as suas economias e tomarão empréstimos a elevadas taxas de juros para adquirir os meios de produção necessários a aderir à operação de uma empresa plataforma digital.

Aumentam a oferta de aplicativos que estimulam o fornecimento e informações pessoais para alimentar os grandes bancos de dados nos quais são aplicados modelos matemático preditivos de gostos e comportamentos, capazes de direcionar consumos ou estimular níveis crescentes de endividamentos com a utilização de créditos, em condições impagáveis, para aquisições que, em grande parte, são de equipamentos capazes de acessar mais eficientemente as próprias plataformas, fechando um ciclo de consumo que se auto alimenta e concentra capital.

São diversos os aplicativos que, com o propósito de acompanhar e compartilhar as atividades individuais com amigos e seguidores, registram a participação do usuário em eventos, suas preferências de consumo, seus desejos não realizados, suas formas de lazer e até seu relacionamento sentimental.

A abertura completa do perfil social e psicológico que, combinado com milhões de arquivos similares, constitui uma poderosa ferramenta de dominação política.

Ao trabalhador que se associa, sem direitos e com a obrigação de viabilizar os recursos para desempenhar suas funções, a uma plataforma de intermediação de serviços é oferecida a perspectiva de ser um empreendedor individual e, portanto, concorrente de outro trabalhador nas mesmas condições, eliminando a solidariedade de classe e inviabilizando ou dificultando muito o surgimento de entidades representativas da categoria profissional.

Nas redes sociais, por outro lado, o indivíduo tem sua intervenção política na coletividade substituída pela atuação como um consumidor voraz, não apenas de produtos e serviços, mas de canais de conexão e troca de informações com grupos de seguidores, em muitos casos selecionados por logaritmos sem qualquer interação prévia no mundo real.

Cada um que participa da rede é, ao mesmo tempo, mercadoria e consumidor, com os dados da relação devidamente formatados e armazenados para a criação de novos negócios componentes da espiral de acumulação e concentração de capital.

Tudo feito com base em um processo que encobre interesses comerciais e financeiros em uma embalagem de uma experiência lúdica.

As bases do novo modelo de empregabilidade e exploração da mão de obra são induzidas pelo discurso que impõe em escala mundial aos estados nacionais a bandeira de desregulamentação dos contratos de trabalho e mais completo abandono de garantias aos trabalhadores.

Foi sendo construída uma nova visão social sustentada em acusações de ineficiência nas estruturas das máquinas públicas, na necessidade de redução do tamanho dos estados, em privatizações de empresas públicas e na supervalorização da competência dos proprietários das grandes empresas tecnológicas, cujas imagens sempre enfatizam os traços de ousadia, de serem visionários e preocupados em compartilhar as chaves do sucesso.

Mesmo potenciais escândalos, como utilização de mão de obra escrava, semiescrava ou trabalho infantil, danos ambientais e uso predatório de recursos naturais, que quase sempre ocorre nas ramificações em países pouco desenvolvidos, rapidamente desaparecem dos noticiários, situação determinada inclusive pelo controle acionário ou por alianças estratégicas com os grandes grupos de mídia, principais divulgadores das práticas ultraliberais apregoadas pelas Big Techs.

Atualmente mesmo autores que defendem um modelo baseado no mercado de consumo apontam que sua expansão, amparada na redução da renda dos trabalhadores e na continua redução dos postos de trabalho, vem gerando uma redução no consumo em muitas camadas de produtos e serviços, tendo em vista a automação acelerada de atividades.

> "À medida que a tecnologia avançada continua a impulsionar a desigualdade tanto na renda quanto no consumo, ela está prestes a minar a demanda de mercado vibrante e ampla que é essencial para a prosperidade contínua. Os mercados de consumo desempenham um papel crítico não apenas no apoio à atividade econômica atual, mas também no avanço do processo geral de inovação. Embora indivíduos ou equipes gerem novas ideias, em última análise, são os mercados de consumo que criam o incentivo à inovação. Os consumidores também determinam quais novas ideias são bem-sucedidas – e quais estão destinadas

ao fracasso. Essa função de "sabedoria das multidões" é essencial para o processo darwiniano por meio do qual as melhores inovações se elevam acima das demais e, por fim, escalam a economia e a sociedade."

(Martin Ford – "Rise of Robots: Technology and Thread of a Jobless Future)

Assim como ocorria com a prospecção e retirada de minérios ou se perfuravam poços de petróleo, empresas gigantes de tecnologia da informação vasculham o hiperespaço digital coletando dados na intimidade das redes sociais para abastecer bancos de dados que subsidiarão a criação de produtos e serviços.

Até mesmo a criatividade e imaginação de autores de obras literárias, roteiros cinematográficos ou peças teatrais são substituídas pela narrativa de temas de interesse geral, captados por logaritmos, que também indicam as características dos personagens e seus destinos ao longo da trama.

Com velocidade nunca vista, desconhecidos passam do anonimato à condição de celebridades com poder de influenciar gostos e preferências de milhões de consumidores, substituindo os tradicionais canais de publicidade e propaganda.

O feudalismo foi desenvolvido em um período em que a pouca disponibilidade de itens de consumo, ausência de serviços públicos como energia e água potável e, ainda, com igual desproteção frente a epidemias e doenças colocava sob muitos aspectos a vida de nobres e servos dentro de parâmetros de conforto muito próximos, centrados no atendimento a necessidades básicas, como a alimentação e abrigo.

Ainda hoje essa busca por sobrevivência é o principal desafio para a maior parte da população mundial, consagrando a famosa citação de Hegel: "Lutai primeiro pela alimentação e pelo vestuário e em seguida o reino de Deus virá por si mesmo".

Isto porque o atual processo de concentração de rendas atingiu níveis impensáveis, com um pequeno grupo de poucas centenas de indivíduos controlando riquezas iguais a todo patrimonial possuído pelos 4 bilhões de pessoas mais pobres o mundo.

A sensação de ter seus problemas parcialmente resolvidos, em função dos processos de saneamento, saúde públicos e acesso à formação educacional básica, faz com que a parcela média em termos de renda se deixe anestesiar pelo viciante mundo das redes sociais, vendedora da percepção de notoriedade a cada um de seus usuários, que se sentem integrados e acreditam ter suas opiniões levadas em consideração, como a audiência de um reality show que decide o destino de cada participante.

Os trabalhadores seguem em ritmo acelerado de precarização e os vínculos com empresas sendo substituídos por contratos informais de trabalhadores que em grande parte se tornam pessoas jurídicas, eliminando responsabilidades jurídicas e reduzindo a contribuição fiscal dos contratantes, em mais um impulso de redução do poder estatal.

Em sua obra "The General Theory of Employment, Interest and Money", escrita na década de 1940, John Maynard Keynes foi premonitório ao perceber que:

> "Uma proporção muito grande da economia "matemática" recente
> são meras invenções, tão imprecisas quanto as suposições
> iniciais em que se baseiam, que permitem ao autor perder de vista
> as complexidades e interdependências do mundo real em um
> labirinto de símbolos pretensiosos e inúteis."

A criação dessa realidade virtual vem sendo a cortina de fumaça para um processo que transforma a produção real de riquezas, gerada pelo trabalho, em um jogo de derivativos financeiros que se desloca freneticamente ao redor mundo buscando a mera remuneração financeira, sem a mínima preocupação em ampliar as oportunidades de empregabilidade, principal fator de coesão social.

A opção por obter a máxima lucratividade para os acionistas de um empresa, levaram à terceirização de crescentes etapas da cadeia produtiva, em especial aquelas ligadas às etapas da produção em série, quer seja transferindo estas atividades para empresas de menor porte em seu próprio país, seja transferido para outros países que pratiquem menores salários ou tenham precárias legislações trabalhistas ou sequer as tenham.

Isso sem citar os inúmeros casos de exploração de mão de obra infantil, como a que ocasionou um processo contra a empresa de material esportivo americano - Nike - e até mesmo casos em que ficaram caracterizadas situações de escravidão.

Essa prática, centrada em manter na sede das empresas apenas as atividades, gerenciais financeiras e de pesquisa e desenvolvimento, exportando produção e impactos ambientais principalmente países asiáticos mostrou seu limite durante a Pandemia de Covid, quando países centrais da economia capitalista não conseguiam produzir equipamentos pouco sofisticados, como respiradores, ou até simples insumos preventivos, como máscaras.

Além disso, esses países, que foram pioneiros no processo de industrialização e hoje são dirigidos por uma economia financeirizada, amargam altos índices de desemprego, subemprego e um massa de trabalhadores vinculados à plataformas digitais de intermediação das relações com produtores.

Por outro lado, países asiáticos vêm realizando o caminho inverso, saindo da posição de meros fornecedores de mão de obra para o domínio das etapas mais complexas e rentosas das cadeias produtivas, gerando marcas com qualidade mundialmente reconhecidas e preços finais extremamente competitivos, como são exemplos a China e a Coréia.

Um outro e grave problema, com forte reflexo na empregabilidade, diz respeito ao arranjo financeiro com o capital de giro de empresas, especialmente varejistas em função do elevado movimento de vendas, visando obter a máxima otimização de lucros em aplicações no mercado financeiro.

Qualquer desvinculação entre os resultados obtidos, como perda de valor na aplicação em derivativos, em relação a compromissos com fornecedores ou pagamento de tributos ou outra obrigação financeira, pode comprometer e até levar à falência uma empresa, sem que o problema tenha origem nas atividades que caracterizaram a parte operacional de seu negócio.

CAPÍTULO 2: Tecnologia

> *"Satisfaz tua paixão pela ciência – diz a natureza – mas cuida*
> *para que essa seja uma ciência humana, com direta relevância*
> *para a prática e vida social. [...] Sê um filósofo; mas, em meio a*
> *toda tua filosofia, não deixes de ser um homem."*
>
> (David Hume)

O grande salto tecnológico, que caracterizou o início da revolução industrial, foi a introdução de máquinas que utilizavam o calor como fonte de energia a partir do uso de carvão como combustível.

De um lado a produção da indústria têxtil é impactada pela introdução de máquinas de fiar e do tear mecânico e, por outro, da utilização crescente da energia proveniente do calor gerado na queima do carvão, que também influía na produção de aço e na evolução nos meios de transporte, com a introdução de locomotivas e embarcações movidas por máquinas a vapor.

Como o rendimento termodinâmico de conversão da energia térmica possuí um limitação física, em função das possibilidades técnicas da época, o rendimento máximo era inferior a 20%, ou seja, somente era convertido em energia mecânica no máximo 1/5 do calor produzido.

Podemos ter em mente a grande quantidade de minério de carvão necessário para mover a nascente indústria, o que exigia extensas jornadas de trabalho insalubre e perigoso em minas de carvão, incluindo a mão de obra de mulheres e crianças.

É também o início da era de utilização de combustíveis fósseis, que será complementada mais à frente com a inclusão do petróleo e seus derivados no cardápio de energéticos disponíveis para impulsionar o crescimento dos países que progressivamente passavam a ter a indústria como carro chefe do desenvolvimento econômico.

O passivo ambiental produzido se acumulou geração após geração deixando a responsabilidade de que as novas etapas de saltos tecnológicos busquem, não somente eliminar ou reduzir ao máximo que tal dano escale em proporção, mas mecanismos de reparação dos impactos existentes.

Diferente, portanto, da revolução industrial cujo movimento impulsionador era o crescimento econômico e ampliação das escalas de produção, a revolução tecnológica, tem como parâmetro limitador a interferência ambiental e os níveis de emissões de gases e particulados que afetem a atmosfera, as águas e os biomas, com graves alterações climáticas.

As invenções marcantes do período da revolução industrial – imprensa, bússola e canhão – acabaram por ser plataformas de guerras por domínios, matéria s primas, finanças e comércio.

De algum modo, as três evoluem para tecnologias que hoje marcam a escala de poder e dominação – armamentos nucleares e hipersônicos, controle de comunicação digital e tecnologias de localização e comunicação, como o sistema de posicionamento Global (GPS).

Richard Feynman, prêmio Nobel de Física em 1965, nos alerta que permanecem vivos os ideais de direcionar as conquistas científicas para a construção de um mundo melhor para toda a humanidade:

"Várias e várias vezes, muitos acharam que poderíamos ir muito melhor. Os do passado tiveram, no pesadelo de sua época, um sonho de futuro. Nós, de seu futuro, vemos que seus sonhos, de certo modo superados, em vários aspectos continuaram a ser sonhos. Hoje, em boa medida, a esperança de futuro é a mesma de ontem."

O foco da técnica não é baseado apenas em conceitos, imagens ou o próprio prazer do conhecimento, mas o método pragmático de utilização e racionalização do trabalho, ou seja, como usar o conhecimento sobre o comportamento e as características da natureza para dominá-la em proveito da expansão da produção.

Cada vez mais o conhecimento se torna a fonte de poder.

Estamos no liminar de profundas mudanças tecnológicas que alteram comportamentos pessoais, na comunicação e na organização do trabalho, alterando em forma de acesso ao mercado produtivo.

"O que torna a quarta revolução industrial fundamentalmente diferente das anteriores é a fusão de tecnologias e a interação entre os domínios físicos, digitais e biológicos"
(Klaus Schwab – no livro "A Quarta Revolução Industrial")

Inteligência artificial, robótica e automação, biotecnologia, nanotecnologia, engenharia genética, entre tantos novos campos da tecnologia, são ramos do conhecimento cujos resultados de pesquisas e desenvolvimentos passam quase que simultaneamente dos laboratórios para a vida cotidiana.

Países que têm ferro e carvão, insumos para a produção do aço, como fundamentais em sua balança comercial e na geração de empregos ao longo da cadeia produtiva associada, poderão ser eliminados do mercado, pela substituição do aço por materiais sintéticos de baixíssimo custo, extremamente fáceis de manipular e com as mesmas características mecânicas, tecnologia que com baixos custos e velocidade de execução permite a construção de prédios e de variados tipos de mobiliários urbanos.

A biotecnologia voltada a produção de alimentos em larga escala acumula os conhecimentos necessários para resolver mundialmente o problema da fome, com o mínimo impacto ambiental e que, associada a processos de reciclagem, pode eliminar os grandes volumes de resíduos orgânicos diariamente produzidos, além de evitar o uso de produtos de maior toxidade nas diferentes plantações.

Poderá permitir a redução do período entre safras de diferentes culturas, sem comprometer o solo, e ainda se articular com o pecuária no aumento da produção de carnes e derivados.

A impressão 3D aumenta a capacidade de produção de componentes e peças com grande acuidade e terá um emprego crucial, entre outros, na mecânica de precisão, já tendo sido testada com excelente resultados em estações espaciais, onde é crítico, pelo limite de área disponível para armazenamento de sobressalentes.

Durante a primeira metade do século XX, as inovações surgiam e se massificavam com diferença de décadas entre si, atualmente a entrada de novos produtos ou o lançamento de atualizações só se limitam por questões estratégicas de divulgação e comercialização.

A obsolescência de um produto, especialmente se for eletrônico, se torna cada vez mais veloz.

Da popularização do cinema à introdução do cinema falado se passaram quatro décadas e o rádio, que inicia sua popularização nos anos 30, só enfrentará o início da concorrência da televisão nos anos 50.

Uma pessoa nascida no início do século XX assistiu muito poucas mudanças nesses meios de comunicação e entretenimento, situação muito diferente dos que nasceram no início do século XXI, para os quais as mudanças, com a introdução de novas plataformas e aplicativos ocorre quase que diariamente.

As possibilidades de comunicação em tempo real e os meios para transferência eletrônica de valores possibilitaram a formação de uma camada intermediária na cadeia produtiva ocupada por empresas posicionadas entre produtores e consumidores, mediando e condicionando as ligações entre estes e ficando com uma parcela do valor da operação, que em alguns casos é a maior parte.

A maior consequência social foi o surgimento de significativa parcela de trabalhadores, transformados em autônomos, realizando a parte física dos serviços, sem cobertura de direitos sociais e trabalhistas, durante conquistados no período de hegemonia econômica da indústria.

Na realidade o que tais empresas possuem como patrimônio são grandes bancos de dados e um sistema de compensação para pagamentos, que inclusive as permite apropriar sua parte imediatamente no momento em que a operação de compra ou contratação do serviços é realizada.

Não há evidentemente como contestar ou tentar impedir o avanço tecnológico, porém de estabelecer os parâmetros para que sua introdução na sociedade seja um ganho no conforto, progresso coletivo e na melhor distribuição dos ganhos de produtividade auferidos.

O tempo e a modo de introdução de novos estágios tecnológicos, em boa parte disruptivos em relação a etapas existentes, impõe a dirigentes políticos e à sociedade como um todo a necessidade da avaliação das consequências econômicas, sociais e ambientais.

O cientista político norueguês Glenn Diesen em seu livro "Great Power Politics in the Fourth Industrial Revolution' apresenta uma importante ressalva sobre a preparação para lidar com os impactos das novas tecnologias:

> "O sistema internacional e as sociedades domésticas não estão preparados para as rupturas da Quarta Revolução Industrial. A humanidade enfrenta a perspectiva de perder o controle sobre a Inteligência Artificial, desemprego em massa, colapso da democracia capitalista, instabilidade política, guerra cibernética ligada ao mundo físico, holocausto nuclear, consequências imprevistas da manipulação genética e outros perigos. No entanto, o status quo também está se tornando insustentável com a humanidade sobrecarregada com problemas como superpopulação, consumo crescente de energia, sectarismo, terrorismo, degradação ambiental, instabilidade financeira, escassez de recursos, concentração de riqueza, niilismo crescente e outros. Os líderes políticos são encarregados de nada menos do que eliminar as deficiências da ordem anterior e substituí-las por soluções ótimas que estejam de acordo com as novas realidades. Em qualquer revolução industrial, os líderes políticos devem estar atentos à destruição criativa que estão supervisionando e planejar uma transição turbulenta.
>
> Os líderes políticos devem navegar entre as ilusões utópicas que desconsideram os riscos significativos e a mentalidade distópica que ignora as possibilidades. O capitalismo revelou suas falhas estruturais com a concentração insustentável de capital que levou à exploração."

Um exemplo de ação estatal de regulação da introdução de tecnologias disruptivas em um setor, impedindo a desmobilização em massa de trabalhadores, é dado pelo setor agrícola chines que em uma área de 9% da superfície de suas terras alimenta 20% da população do planeta, empregando cerca de 45% da mão de obra do país.

Enquanto no Brasil a maior parte da população se tornou urbana nos anos 60, esse fenômeno só foi registrado da China em 2010.

Embora o país pudesse fazer uma rápida mecanização do campo, foi tomada a decisão de ampliar o atendimento de serviços públicos de saneamento, saúde, educação e lazer para a população rural, promovendo uma migração em ritmo compatível com a geração de oferta de empregos e infraestrutura nas novas cidades criadas.

Em seu longo Relatório na Sessão de Abertura do 20º Congresso do PCC, o Presidente XI Jinping fez um balanço das metas realizadas, citando:

"Nós avançamos e aplicamos a nova filosofia do desenvolvimento, trabalhamos duro para promover o desenvolvimento de alta qualidade e pressionamos para promover um novo padrão de desenvolvimento. Realizamos reformas estruturais do lado da oferta, formulamos uma série de grandes estratégias regionais importantes para o desenvolvimento geral da China e trouxemos um aumento histórico na força econômica da China.

Na última década, o PIB da China cresceu de 54 trilhões de yuans para 114 trilhões de yuans para representar 18,5 por cento da economia mundial, um aumento de 7,2 pontos percentuais. A China continuou sendo a segunda maior economia do mundo, e seu PIB per capita subiu de 39.800 yuans para 81.000 yuans. Ele ocupa o primeiro lugar no mundo em termos de produção de grãos e garantiu a segurança alimentar e energética para seus mais de 1,4 bilhão de pessoas. O número de residentes urbanos permanentes cresceu 11,6 pontos percentuais para representar 64,7% da população. O setor manufatureiro da China é o maior do mundo, assim como suas reservas cambiais. A China construiu as maiores redes de ferrovias e vias expressas de alta velocidade do mundo e fez grandes conquistas na construção de aeroportos, portos e conservação de água, energia, informações e outras infraestruturas."

Porém, destacou a enorme tarefa ainda por realizar no país:

" É a modernização de uma enorme população. A China está trabalhando para alcançar a modernização de mais de 1,4 bilhão de pessoas, um número maior do que a população combinada de todos os países desenvolvidos do mundo hoje. Esta é uma tarefa de dificuldade e complexidade incomparáveis; isso inevitavelmente significa que nossos caminhos de desenvolvimento e métodos de avanço serão únicos. Teremos, como sempre, em mente as realidades da China à medida que abordamos questões, tomamos decisões e tomamos medidas. Não perseguiremos objetivos grandiosos nem seguiremos o livro de regras. Manteremos pacientes no avanço do curso da história e tomaremos medidas constantes e incrementais para sustentar o progresso."

Em todo o mundo a produção de energia em volumes capazes de suportar o crescente consumo, motivado pela utilização de equipamentos eletrônicos em praticamente todas as atividades cotidianas e no abastecimento das novas gerações de veículos, que progressivamente mudam para utilização de propulsão elétrica, é um dos impulsionadores da Revolução Tecnológica e, ao mesmo tempo, uma fronteira na adoção de usinas geradoras com fontes que tenham requisitos de menor impacto ambiental.

É certo que a migração da matriz energética mundial, na qual os combustíveis fósseis são os maiores contribuidores, levará um tempo ainda elevado, não apenas pela necessidade de obtenção de escala econômica para implantação de uma nova frota de unidades de geração que garanta condições competitivas para implementação, mas também em função da grande infraestrutura instalada, boa parte em fase de amortização dos investimentos realizados, e também dos recursos disponíveis no país.

O Estados Unidos, por exemplo, tem 60% sua matriz de geração elétrica baseada em combustíveis fósseis, sendo 40% gás natural e 20% em carvão.

A infraestrutura instalada em um país se refere tanto às instalações de obtenção do combustível, como também seu transporte e das usinas geradoras de energia elétrica, ou a importação de parte ou de todo o combustível necessário em outras países, o que exige a utilização de portos, ferrovias e rede de dutos.

A transição energética exige a implantação de grandes plantas de geração a partir do uso de energia solar ou eólica, tecnologias consideradas como as de maior possibilidade de adoção no médio prazo, uma vez que novas formas de geração, como a fusão nuclear e as células de hidrogênio, ainda elevado níveis de investimentos, tanto financeiro quanto em desenvolvimento tecnológico.

A questão energética cria uma oportunidade na agenda social com a discussão sobre o modelo de concentração da população em megacidades, uma vez que a descentralização, um movimento inverso do realizada na Revolução Industrial, torna mais viável a solução do suprimento de energia, além de outras aspectos benéficos.

Com as possibilidades de integração e comunicação criadas pelo avanço nas tecnologias de transmissão de dados, imagens e voz, é possível levar para regiões remotas atendimento que anteriormente só eram possíveis nos grandes centros.

A telemedicina, o trabalho remoto e todas as ofertas cultura e entretenimento disponibilizadas por plataformas especializadas são alternativas já viáveis atualmente.

As restrições sobre acesso, não apenas ao design e ao projeto de produção de semicondutores, mas também as máquinas superespecializadas utilizadas em sua fabricação, são fatores de garantia da liderança tecnológica na produção deste estratégico componente.

O envolvimento direto de Estados no desenvolvimento de semicondutores, com grande participação da indústria bélica, ilustra bem como vantagens tecnológicas estratégicas surgem da articulação estatal com fabricantes privados, mirando a posição hegemônica no cenário mundial.

Não por acaso, o Departamento de Estado dos Estados Unidos financiou o desenvolvimento do circuito impresso pela empresa Texas Instruments, patenteado em 1958, e a Força Aérea Americana a fabricação dos primeiros chips de silício em 1962.

Àquela época, em meio à Guerra Fria, a URSS, que tinha obtido grande vantagem tecnológica na exploração espacial na década de 1950, com os sucessivos lançamentos do primeiro satélite - Sputnik -, do primeiro cão – a cadela Laika – dos primeiros humanos – Iuri Gagarin e Valentina Tereskova -, apostou no aprimoramento de válvulas eletrônicas, em função muito provavelmente de julgar tais componentes mais resistentes a um eventual uso de armamentos que utilizassem Pulsos Eletromagnéticos, que só viriam a ser utilizados na Guerra do Golfo.

A opção por uma trilha tecnológica pode dar vantagens ou custar atrasos, como no caso acima citado.

Atualmente, o acesso ao único fabricante de equipamentos para a fabricação dos mais avançados semicondutores, a Holanda, diminui o ritmo de desenvolvimento, dando vantagem competitiva às potências ocidentais, embora a China continue a liderar a produção e venda de chips utilizados nas atuais linhas de produtos como carros, aviões, computadores, celulares etc.

A China responde por 24% do mercado global, seguida por Taiwan com 21%, Coréia do Sul com 19%, Estados Unidos 10% e Europa 8%, segundo o Relatório de 2022 da Semiconductor Industry Association.

A futura concorrência na área de supercomputadores para fins mais sofisticados como a biotecnologia, medicina, pesquisas espaciais e bélicas será dada pelos Computadores Quânticos, cuja entrada em competição por usos privados está fora, no momento, da linha de tempo que impacte a presente avaliação.

Portanto, a questão novamente se desloca para um reordenamento político, só possível de ser exercido por um estado que venha a assumir o papel de articulador de questões que vão do redesenho urbanístico até de novas alternativas em empregabilidade, passando por toda gama de áreas de oferta de produtos e serviços.

O mapa traçado pelas grandes corporações tecnológicas - Big Techs - obviamente não leva em conta essas questões, se concentrando na maximização da lucratividade de cada elo de suas operações e a criação de valor segundo a ótica de precificação no mercado de capitais, em uma espiral nunca vista de concentração de riquezas.

A mudança do patamar tecnológico que vivemos pode e deve ser oportunizada como um momento de, utilizando seu potencial de aumento exponencial de produtividade, colocar em discussão e disputa o compartilhamento da riqueza gerada, em uma escala socialmente mais justa e ampliadora da oferta de postos de trabalho que torne possível abrigar os contingentes de profissionais atualmente marginalizados e impedidos de desenvolver sua criatividade e seu potencial laboral, bem como recepcionar a parcela de novas gerações trabalhadores que anualmente chegam a idade produtiva.

Assim como uma das conquistas do movimento social e dos trabalhadores foi a redução da jornada de trabalho nas indústrias e a eliminação do trabalho em minas de carvão para mulheres e crianças, um recálculo a partir de novos parâmetros de distribuição da massa de mais valia gerada pode gerar uma escala de trabalho que permita dedicar um maior parcela de tempo para capacitação profissional, desenvolvimento cultural e convívio familiar.

Uma nova abordagem da questão ambiental também se insere neste contexto, rompendo a lógica da falsa contraposição sonhos idílicos de um ambiente intocado versus a visão ultraliberal de transformar a política ambiental em derivativos financeiros vinculados a uma estratégica indefinida de monetarização do chamado crédito de carbono.

O fato é que uma série de iniciativas consideradas ambientalmente corretas e que, porém. causam restrições ao desenvolvimento econômico acelerado, têm sido patrocinadas e difundidas por nações mais industrializadas, que já causaram no passado toda a sorte de impactos no meio ambiente, e que as utilizam como barreiras para o crescimento de países de desenvolvimento mais tardio.

Aqui entra, para esse segundo grupo de países, a possibilidade de atingir patamares mais elevados de crescimento econômico, tendo os avanços tecnológicos como aliados para evitar os danos causados no período de crescimento como ocorreu com os primeiros no implantação de economias industriais.

São exemplos destas tecnologias a ampliação de unidades descentralizadas dos grandes grids de transmissão de energia a partir de pequenas usinas, movidas a energia solar, eólica ou gás natural com captura de CO2, destinadas a atender a uma planta industrial ou a menores núcleos populacionais.

O tratamento de rejeitos líquidos com uso de microbiotas, o uso de embalagens feitas de materiais biodegradáveis e transporte de mercadorias em veículos híbridos são exemplos de etapas da cadeia produtiva que podem compor um programa de medidas ambientalmente seguras que influam em todo o processo produtivo, da chegada da matéria prima à entrega do produto acabado, passando pelo suprimento energético e pelo descarte de rejeitos.

As redes de comunicação sem fio superaram as dificuldades e os altos custos da instalação de extensas linhas de cabos e estações retransmissoras, a partir do uso de telefonia móvel, permitindo a países onde havia um déficit de atendimento deste serviço, tanto particular como comercial, principalmente em áreas rurais, como foi o caso do Brasil.

Este é um claro exemplo de como novas tecnologias podem permitir saltos nas etapas de desenvolvimento adequando questões da agenda contemporâneo às demandas da expansão de oferta de produtos e serviços demandados pela sociedade, com a geração de novos postos de trabalho e garantia de melhor capacitação de trabalhadores.

O poder gerado por um grupo a partir de uma vantagem tecnológica, embora possa permitir a ampliação do conforto material, é um forte elemento de dominação.

Em 1947, Theodor Adorno e Max Horkheimer, dois pioneiros da Escola de Frankfurt alertavam, em seu livro Dialética do Esclarecimento, para possíveis consequências negativas nas mudanças sociais que se descortinavam em função da nova distribuição de poder face a conquista de novos patamares técnicos:

> "A naturalização dos homens hoje não é dissociável do progresso social. O aumento da produtividade econômica, que por um lado produz as condições para um mundo mais justo, confere por outro lado ao aparelho técnico e aos grupos sociais que o controlam uma superioridade imensa sobre o resto da população. O indivíduo se vê completamente anulado em face dos poderes econômicos. Ao mesmo tempo, estes elevam o poder da sociedade sobre a natureza a um nível jamais imaginado. Desaparecendo diante do aparelho a que serve, o indivíduo se vê, ao mesmo tempo, melhor do que nunca provido por ele. Numa situação injusta, a impotência e a dirigibilidade da massa aumentam com a quantidade de bens a ela destinados. A elevação do padrão de vida das classes inferiores, materialmente considerável e socialmente lastimável, reflete-se na difusão hipócrita do espírito. Sua verdadeira aspiração é a negação da reificação. Mas ele necessariamente se esvai quando se vê concretizado em um bem cultural e distribuído para fins de consumo. A enxurrada de informações imprecisas e diversões assépticas desperta e idiotiza as pessoas ao mesmo tempo."

CAPÍTULO 3: Capital

"As elites econômicas das distintas sociedades, em qualquer época e em qualquer lugar, tendem a 'naturalizar' as desigualdades; isso é, tratam de associá-las com fundamentos naturais e objetivos, a explicar que as diferenças sociais são (como deve ser) benéficas aos mais pobres e para a sociedade em seu conjunto, que em qualquer caso sua estrutura presente é a única possível e que não pode ser modificada sem causa imensas desgraças"

(Thomas Picketty – "O Capital no Século XXI")

A história do capitalismo se confunde com a história do processo de acumulação do capital que, entretanto, vai modificando o formato em que se insere no mundo produtivo e nos mecanismo de sua reprodução.

Da produção industrial, em que retirava seus ganhos da mais valia absoluta ou mais adiante da mais valia relativa (parcela obtida pelo aumento de produtividade através de avanços tecnológicos), o capital migrou nos dias de hoje para o formato "capital financeiro", cada vez mais voltado ao complexo mundo da criação de derivativos e outros produtos financeiros que só usam a produção de bens e serviços como referência, mas que expressam seu valor através da variação de preços de papéis baseada em valores intangíveis e sem ralação com a plena possibilidade de conversão material.

A relação entre o capital bancário e o capital aplicado na indústria criava uma função até certo ponto social do primeiro, que podia captar pequenos valores disponíveis em poupanças individuais e canalizá-los para o processo produtivo, obtendo ganhos na diferença das taxas de juros praticadas na intermediação das duas pontas.

Conjuntamente com a expansão do capitalismo no final do século XIX, no processo de colonial das potenciais europeias em busca de matérias primas e mercado, principalmente na Ásia e África, surgem também novas formas de organização do capital e da propriedade industrial, com o desenvolvimento de sociedade por ações que evoluem para sociedade anônimas.

Essas alterações transformam os antigos proprietários, em boa parte implementadores de suas invenções ou aprimoramentos, em sócios de investidores que logo passam de interessados no desempenho físico das empresas para acionistas financeiros focados exclusivamente na valorização das ações.

A valorização de uma ação que por princípio deveria medir o sucesso empresarial e a aceitação pelo público do produto ou serviço ofertado, pode estar ligada, entretanto, a situações como redução de tamanho da operação, modificação das atividades originais, associação a outras empresas e uma longa série de eventos que se distanciam dos objetivos originais da organização, que se direcionavam a fazer melhor, diferente ou a custos mais baixos.

Em seu livro "O Capital Financeiro", Rudolf Hilferding, membro do Partido Social Democrata Alemão e Ministro da Fazenda em duas ocasiões na República de Weimar, traz a seguinte avaliação sobre a consequência da formação do modelo de propriedade por ações:

"Pela separação entre a função da propriedade e a direção da produção, como a supõe o sistema de ações, surge a possibilidade e – com a intensificação da renda, por um lado, e o aumento do lucro industrial extra, por outro – a concretização de uma solidarização dos interesses de propriedade. A "riqueza" não é mais diferenciada segundo suas fontes de rendimento e segundo sua origem do lucro ou do rendimento, mas aflui agora da participação em todas as porções em que se divide a mais-valia produzida pela classe operária,"

Cada vez fica mais distante a época em que o capital bancário cumpria a função de captador de recursos e estimulador da produção industrial, cujos lucros obtidos com a comercialização da produção remuneravam e garantiam o exercício de intermediação, sendo de fato uma das locomotivas da economia.

Atualmente o capital financeiro global tem ativos estimados em cerca de U$ 300 trilhões, enquanto o PIB mundial é da ordem de U$ 96 trilhões.

Essa diferença demonstra o descolamento entre valorização de papéis financeiros em uma proporção muito superior ao crescimento material expresso pela produção de produtos e serviços nacionais.

Como esses ativos significam na prática valores emprestados, podemos dizer que representam a soma das dívidas mundiais de governos, empresas e pessoas físicas, na proporção de três vezes tudo que é produzido (bens e serviços) globalmente,

Há uma grande variedade de derivativos funcionando quase como bolsas de apostas na valorização de contratos futuros, sem transitarem pela economia real, ou como caracterizou o ex-presidente americano Barack Obama, o deslocamento entre "Wall Street" e a "Main Street".

São lançados no mercado papeis usando um segmento econômico como base para remuneração de ativos financeiros, a partir de projeções e estimativas de níveis de crescimento dos valores que não encontram sustentação dos preços efetivos, gerando situações como a crise imobiliária americana de 2008, que utilizava as hipotecas de residenciais como origem para contínuas concessões de créditos a partir de valorizações irreais incrementadas dos preços dos imóveis.

Na prática era como se o crédito adicional contratado pelos adquirentes dos imóveis funcionasse como uma venda de dinheiro, propiciando a estes adquirentes acesso a créditos sequer inicialmente previstos e que terminavam sendo utilizados, na maior parte das vezes, em gastos supérfluos.

A valorização artificial do valor dos imóveis, projetada para permitir a oferta de empréstimos adicionais complementares ao valores iniciais de hipotecas gerou operações financeiras sem garantia real, tornando ineficaz a execução da dívida nos casos de inadimplência, que se tornou epidêmica.

Para garantir a lucratividade de ações de uma empresa e o pagamento de elevados bônus aos gestores e crescentes dividendos aos acionistas são muitas vezes implementadas medidas deletérias à ampliação e melhoria do processo produtivo ou uma redução de trabalhadores que dominavam metodologias de trabalho e técnicas resultantes de longos períodos de atuação.

São realizadas medidas como pesados de cortes de investimentos, redução sem critérios da mão de obra, deslocamento de atividades para locais mais lenientes no controle fiscal e transferência da produção física para países que pratiquem menores salários e ofereçam poucos benefícios sociais, dentro de uma lógica de realização rápida dos valores aplicados na aquisição das ações, em grande parte feita por fundos de investimentos internacionais que possuem a liberdade de deslocamento para outro negócio ou outro país.

Quando alguma operação apresenta um problema imprevisto no tocante a efetivação das condições iniciais no contrato, como ocorreu com vários derivativos baseados em contratos futuros de gás russo na Europa, os fundos e bancos que estruturaram a operação se garantem pela securitização, que no fim das contas terminará com a injeção de recursos governamentais sob a alegação da necessidade de evitar a quebra do setor financeiro.

Um ou outro caso de falência de um grande banco, como o Lehman Brothers, serve como exceção que justifica a regra, porém é importante lembrar que praticamente todos os governos foram obrigados a injetar recursos orçamentários públicos para salvar os sistemas financeiros na crise de 2008, que derrubou se alastrou por todo o mundo em função da interrelação dos mercados.

A Bolsa de São Paulo, por exemplo caiu 8% no dia 15 de setembro de 2008, maior índices registrado desde o dia 11 de setembro de 2001, em razão da quebra do Lehman Brothers, quarto maior banco de investimentos americanos, que apresentou prejuízos de U$ 4 bilhões.

Marx no Livro III do Capital já demonstrava o processo de desvinculação de formas de reprodução do capital financeiro apartada de investimentos na economia real:

> "À medida que cresce a riqueza material, cresce a classe dos capitalistas monetários; aumentam, por um lado, o número e a riqueza dos capitalistas que se retiram, dos rentiers [rentistas]; por outro lado, fomenta-se o sistema de crédito e, com isso, aumenta

o número de banqueiros, prestamistas, financistas etc. Como já expusemos, o desenvolvimento do capital monetário disponível é acompanhado do aumento da massa dos papéis portadores de juros, dos títulos públicos, ações etc. Ao mesmo tempo, porém, aumenta a demanda de capital monetário disponível, uma vez que os jobbers [corretores de títulos] que especulam com esses títulos desempenham um papel fundamental no mercado monetário. Se todas as compras e vendas desses papéis fossem apenas a expressão de investimentos reais de capital, seria correto dizer que não poderiam influir sobre a demanda de capital de empréstimo, já que, quando A vende seu papel, obtém em troca dele exatamente a mesma quantidade de dinheiro que B investe no papel comprado. No entanto, uma vez que o papel na verdade existe, mas não o capital (pelo menos não como capital monetário) que ele originalmente representa, cria-se sempre uma nova demanda proporcional de capital monetário."

Para recuperar o estrago causado pelo estouro da bolha especulativa em 2008, estados nacionais motivados por evitar o colapso do sistema financeiro, injetar imensos volumes de recursos no mercado financeiro, mais especificamente em bancos que geram e giram papéis descolados do mundo produtivo, enxugando os recursos que deveriam suportar investimentos na expansão da produção.

A velha fórmula de redução de despesas, na prática prioritariamente a redução de pessoal, foi a receita para o equilíbrio de empresas produtivas.

A outra dimensão desta receita foi a exportação de atividades industriais para países asiáticos o que no caso chines foi como dar a corda para o próprio enforcamento, fato comprovado pelo incremento das taxas de crescimento do país e a liderança que este assumiu em inúmeros setores industriais.

Longe de solução para o problema estrutural gerado pela política de remuneração rápida e elevada de ativos financeiros, as crises são solucionadas ou postergadas com o paliativo da injeção de recursos dos Tesouros dos diferentes países.

Em 2023, o Silicon Valley Bank, um banco californiano focado em financiar startups tecnológicas, faliu em função do estoque que mantinha de Títulos de Longo Prazo do Governo Americano e que foi obrigado a vender abaixo do preço em função de uma rápida e grande elevação da taxa de juros, que no geral permitiu mais concentração de rendas.

Em outros termos, uma política econômica voltada a garantir grandes lucros e dividendos para o mercado financeiro ocasiona na outra ponta prejuízos e quebra de instituições ligadas à produção, mesmo em casos de alto risco, como é o caso das startups tecnológicas, no qual um pequeno percentual se mostra viável e todas procuram ser um novo Google ou Facebook.

Sempre é importante relembrar que sucesso buscado por essas empresas se configura, de modo geral, no domínio de bancos de informações que intermediam fabricantes ou fornecedores e consumidores finais e, também, que operam com um pequeno núcleo de profissionais ultra especializadas com a parte física sendo, quando há, sendo realizada por trabalhadores com precários vínculos e nenhuma segurança previdenciária.

Um marco muito importante para a financeirização da economia foi a mudança do ouro, estabelecido nos acordos de Bretton Woods como o padrão de conversibilidade de moedas, para a utilização pelo governo americano do Dólar para o mesmo fim, através de uma medida decretada em agosto de 1971 pelo então presidente americano Richard Nixon.

Como os outros países tinham até aquele momento a possibilidade de conversão de suas reservas em dólar, que era atrelado ao ouro, a partir da medida adotada por Nixon, na prática, passaram a ter a moeda americana como moeda fiduciária, com lastro na garantia do Tesouro Americano.

Em 1973, em complementação à medida anterior, o governo americano determinou o fim de taxas fixas de câmbio, fazendo com que fossem adotadas internacionalmente taxas flutuantes o que na prática o controle dos bancos centrais fosse transferido para instituições privada americanas.

Essa situação deu ao Estados Unidos a posição central na economia mundial, podendo financiar sem dificuldades sua dívida pública que durante duas décadas representou cerca de 40% de toda a dívida pública mundial.

O valor real do ouro passa a ser substituído pela "credibilidade" do governo americano, baseada na pujança de sua economia, cujos crescente déficits são automaticamente financiados pelos mecanismos criados, e principalmente por seu poderio militar, que só é posto em teste posteriormente com a derrota no Vietnam e, mais recentemente, com a exibição da nova geração de armas hipersônicas russas, após a reestruturação do país no início do século XXI.

Um segundo movimento rumo a ultra liberação dos mercados, foi o confronto e quebra da espinha dorsal do movimento sindical inglês durante o governo Margareth Thatcher, que demitiu mais de 200 mil mineiros durante uma greve que durou 16 meses e não conseguiu sequer impedir as demissões e o fechamento de 130 minas de carvão.

Mais do que um confronto trabalhista, a posição intransigente representou uma marca a ser difundida mundialmente, fazendo incorporar mais a frente uma onda de "reformas nas legislações trabalhistas" que minaram as bases do movimento sindical em todo o mundo.

O fim da URSS é apresentado como a consolidação do capitalismo, agora baseado nos mercados financeiros, com destaque para as bolsas de valores, nas quais a capitação de novos recursos para investimentos em atividades industriais vai perdendo espaço para o prevalência de ações especulativas.

O discurso neoliberal, base para as iniciativas de desregulamentação implementadas por Ronald Reagan e seguida pelos economias mais fortes do mundo ocidental, foi desenhado a partir das formulações da chamada Escola de Viena, com a liderança de Friedrich Hayek, difundiu o discurso do estado mínimo como mola fundamental para o crescimento econômico.

A criação do Swift. um sistema internacional de compensações, baseado na conversão ao dólar, deu os Estados Unidos enorme influência em todas as operações e até contratos bilaterais em países.

A política de redução de tributos, também fartamente justificada na suposta incompetência empresarial dos governos, na prática cria as condições para o endividamento dos estados, propiciando enormes transferências de recursos, sob a forma de juros pagos ao setor financeiro privado, com o beneplácito dos bancos centrais que estipulam subidas de taxas de juros em muitos casos sem qualquer relação, por exemplo, com ações de controle inflacionário e mesmo em momentos de baixa ou inexistente pressão de demanda.

Fechando o ciclo em que causa passa justificar o resultado, que por sua vez influi da causa, o endividamento dos estados é o pretexto para a privatização de setores econômicos, especialmente se tiverem o caráter monopolista.

Em 1977 foi aprovada no Estados Unidos a FCPA – Foreign Corrupt Practice Act- que qualifica como passiveis de criminalização atos considerados como corrupção e suborno, praticados por empresas ou pessoas americanas, por empresas estrangeiras com papéis em bolsas de valores americanas ou que participem de negócios com empresas americanas.

Com base nesta lei, cuja competência é ampliada em 1988 pela Convenção Anticorrupção da OCDE (Organização para a Cooperação e Desenvolvimento Econômico), da qual participa a maior parte dos países mais ricos, e complementada por acordos de cooperação bilaterais como o assinado com o Brasil, o Estados Unidos ganha enorme poder de intervenção criminal em outros países, através da ação do Departamento de Estado e do FBI.

Juntamente com as chamadas "guerras globais" antidrogas, promulgada pelo presidente Richard Nixon com a criação em 1973 do DEA (Drug Enforcemennt Agency), e contra o Terrorismo, com o Patriot Act de George W. Bush de 2001, a FCPA dá a sustentação legal para uma vaidade de intervenções em outros países, como foi o caso do ex-presidente da FIFA, o brasileiro José Maria Martins, preso na Suíça por agentes americanos e deportado para os EUA, onde foi julgado e condenado.

Independente do mérito das acusações, que indicam sérios desvios cometidos, o episódio demonstra o alargamento da jurisdição americana no exercício de seu poder de intervenção.

O ponto central da situação econômica mundial é controle dos mecanismos econômicos pelo capital financeiro, eliminado as iniciativas de planejamento da expansão da produção industrial e de serviços que não sejam inteiramente articulados com o mercado financeiro ou plataformas de intermediação de negócios e baseadas em crescente precarização do trabalho.

Como caracteriza o economista americano Michael Hudson em seu livro "O Destino da Civilização: Capitalismo Financeiro, Capitalismo Industrial ou Socialismo:

> "O capitalismo financeiro de hoje não está seguindo um caminho que leva ao domínio industrial, reduzindo as estruturas de preços domésticos para reduzi-las aos custos reais necessários de produção (isto é, valor). Exatamente o oposto: a estratégia do private equity é comprar empresas a crédito e, em seguida, vender seus ativos e carregá-los com pseudo-custos (incluindo novos empréstimos) para pagar dividendos a si mesmos. Este processo de remoção de ativos está sendo construído nas economias industriais de hoje como se fosse um componente natural e necessário, não uma adição estranha."

No campo da justificativa de seu ideário, o grande Capital, com a aliança ou o controle que tem dos meios de comunicação de massas, constrói o discurso de aversão da política, caracterizada como a responsável pelas dificuldades do serviços públicos, emulando a ideia de que a gestão empresarial privada é a única capaz de ofertar serviços de qualidade, mesmo em atividades inerentes ao estado como saúde, educação, previdência e segurança pública.

A desmoralização da política produz um afastamento de amplas parcelas da população de um maior engajamento e participação, enfraquecendo os partidos ideológicos, permitindo a proliferação de partidos artificiais, a eleição de representantes de grupos empresariais, a promoção de populistas de direita e até um crescimento da extrema direita, que se manifesta tanto em países onde cria sua organização partidária própria quanto em países em que se desenvolve dentro de partidos tradicionais, como ocorre no Estados Unidos.

A preocupação com a formação de super ricos, em função do processo de exponencial concentração de capitais, e suas alianças políticas visando evitar qualquer restrição a modelo econômico que julgam benéfico a seus interesses tem levado ao suporte a candidatos que utilizam recursos populistas e pautas ultraconservadoras para atingir postos de decisão.

O economista Paul Krugman, Prêmio Nobel de Economia em 2008, em artigo no jornal New York Times, em 18.04.2023, demonstra sua grande preocupação com o processo de ultra concentração de capital e o suporte a plataformas políticas que podem destruir a própria democracia.

Ele mostra que essa preocupação já era compartilhada por eminentes políticos no passado:

> "Ainda acredito que a concentração de riqueza no topo está minando a democracia...
>
> Primeiro, algumas notas sobre o papel do excesso de riqueza em uma democracia.
>
> As pessoas de direita costumam insistir que expressar qualquer preocupação com a riqueza altamente concentrada é "antiamericano". A verdade, porém, é que a preocupação com os perigos que grandes fortunas representam para a democracia faz parte da tradição americana. E nossa nação basicamente inventou a tributação progressiva, que tradicionalmente era vista não apenas como uma fonte de receita, mas também como uma forma de limitar o excesso de riqueza.
>
> Na verdade, se você ler o que figuras proeminentes disseram durante a Era Progressista, muitos expressaram pontos de vista que seriam denunciados histericamente como luta de classes hoje. Theodore Roosevelt alertou contra "uma pequena classe de homens extremamente ricos e economicamente poderosos, cujo objetivo principal é manter e aumentar seu poder". Woodrow

Wilson declarou: "Se houver homens neste país grandes o suficiente para serem donos do governo dos Estados Unidos, eles serão os donos".

CAPÍTULO 4: Sistemas de Produção

"...desenvolver em seu grau máximo, no trabalhador, os comportamentos maquinais e automáticos, quebrar a velha conexão psicofísica do trabalho profissional qualificado, que exigia uma certa participação ativa da inteligência, da fantasia, da iniciativa do trabalhador, e reduzir as operações produtivas apenas ao aspecto físico maquinal. Mas, na realidade, não se trata de novidades originais: trata-se apenas de fase mais recente de um longo processo que começou com o próprio nascimento do industrialismo, uma fase que é apenas mais intensa que as anteriores e se manifesta sob formas mais brutais, mas que também será superada através da criação de um novo nexo psicofísico de um tipo diferente dos anteriores e, certamente, de um tipo superior"
(Antonio Gramsci - Americanismo e Fordismo)

Para compreensão dos impactos tanto na produção quanto na forma de participação dos trabalhadores no processo econômico de geração de valor na Revolução Tecnológica, é importante visitar como os sistemas de organização da produção acompanharam e refletiram os diferentes patamares técnicos de cada etapa, alterando os comportamentos e as capacidades exigidas.

Contrariando a concepção de que a acumulação de riquezas oriunda da exploração de metais na fase anterior ao processo de industrialização seria o esteio para a liderança de quem mais tivesse se beneficiado do saque de riquezas coloniais, Marx mostrou que a acumulação se daria e se expandiria concomitantemente com o desenvolvimento da indústria, alicerçado na Revolução Industrial.

Os países ibéricos, presos à concepção da exploração de matérias primas e metais nas colônias e à motivação religiosa investiam boa parte dos ganhos obtidos na construção de catedrais que exaltavam o agradecimento divino ao sucesso obtido e, também, na construção de navios e armamentos sem os patamares tecnológicos atingidos à época pela Inglaterra.

A Inglaterra, com as vantagens da hegemonia tecnológica, construiu um império de dimensão mundial e se torna uma potência militar e comercial e também financeira, na medida em que em sua expansão impunha a suas coloniais algumas novas plataformas de modernidade, como uso de trens, que ao mesmo tempo permitiam escoar sua produção geravam vínculos de dependência econômica pelos empréstimos concedidos.

Nas Américas, os Estados Unidos se diferenciaram dos países ao sul por seu processo pioneiro de independência e pela construção de um modelo social baseado na democracia liberal, fundando bases que permitiam um rápido modelo de industrialização, que passa a ser a matriz do desenvolvimento nacional após a Guerra da Secessão, com a vitória dos estados industriais do Norte.

E nos Estados Unidos surge a nova etapa de organização do processo de produção, baseada nas concepções de Taylor e Ford.

Frederick Taylor, engenheiro americano, postulava que dividindo as tarefas entre os trabalhadores, de modo organizado e com hierarquia de funções, e buscando com a adequação e domínio das ações necessárias à realização de cada etapa, era possível estimular a velocidade de produção, criando as métricas a serem obtidas por cada trabalhador.

Esse conceito foi aprofundado pelo industrial automobilístico, Henry Ford, que criou a linha de montagem em que os produtos se deslocavam em um esteira iniciando o percurso na sua condição mais básica e recebendo de cada trabalhador a ela vinculado uma parte componente da versão planejada.

É importante lembrar que Ford também estabeleceu a ideia de produzir frotas de veículos que pudessem ser adquiridos por qualquer um que tivesse salários razoáveis.

A visão de criação de mercado demandante de novos produtos e posteriormente de serviços, adquiridos por um trabalhador de salários considerados médios a quem fossem oferecidas linhas de crédito a longo prazo, moldou o crescimento da economia americana no período.

No livro citado, Gramsci define como esse sistema de produção, na perseguição de incrementos de produtividade, agia sobre o trabalhador:

> "... um processo ininterrupto, frequentemente doloroso e
> sangrento, de sujeição dos instintos (naturais, isto é, animalescos
> e primitivos) a normas e hábitos de ordem, de exatidão, de
> precisão sempre novos, mais complexos e rígidos, que tornam
> possíveis as formas cada vez mais complexas de vida coletiva,

que são a consequência necessária do desenvolvimento do industrialismo".

O exemplo americano mostra que quem inicia o processo de industrialização mais tarde tem a possibilidade, nem sempre aproveitada, de eliminar experiências fracassadas, aprimorar processos e introduzir inovações.

A melhoria de processos e correção de experiencias mal-sucedidas criam os saltos ocorridos no desenvolvimento industrial e agora ocorrem também na Revolução Tecnológica.

É especialmente singular que países mais atrasados ou derrotados em guerras e que tenham tardiamente iniciado ou retomado seus processos de industrialização já incorporem os sistemas de produção mais avançados.

Um caso particular foi o da URSS que parte de uma economia rural e enfrenta inúmeras dificuldades, face ao isolamento que viveu após a Revolução de 1917, para ter acesso a linhas internacionais de financiamento, além de conviver com uma elevada inflação e uma população com elevados níveis de analfabetismo e despreparo para o exercício de atividades industriais.

Sem entrar na questão da relação com o setor agrário e da decisão de coletivização forçada, questões que fogem do escopo deste trabalho, é interessante observar como a implantação do fordismo foi a base do processo de industrialização soviética que apresentou bons resultados não apenas pelo índice de crescimento econômico, com a produção industrial crescendo a taxas anuais sempre superiores a 11% da década de 30 a 50, como também pela capacidade de produção de equipamentos militares durante a Segunda Guerra, mesmo sob as duras condições dos combates e, posteriormente, com a utilização de tecnologia própria, ser pioneira em programas espaciais.

Situação semelhante vai ser vista no Japão após a Segunda Guerra e a Coréia após a Guerra que dividiu o país.

Contando com recursos financeiros providos pelo órgãos financeiros internacionais e pelos Estados Unidos, interessados em manter os dois países em sua órbita de influência na Ásia, e tendo que reconstruir ou implantar um novo parque industrial, Japão e Coréia estabeleceram um modelo nacional de desenvolvimento lastreado em uma infraestrutura industrial moderna e novos sistemas de gestão, como o Toyotismo e seu principal processo de ordenamento da produção a partir da demanda, o Just-in-time.

Esse processo exige uma coordenação entre os diversos fabricantes de uma cadeia produtiva criando um inter-relacionamento dos entes envolvidos na coordenação das produções dos diversos componentes e do mesmo padrão de qualidade entre eles.

A importância do entendimento sobre os sistemas de produção em curso, que a partir de uma eficiente logística global e uma rede de comunicações e transmissão de dados em tempo real, está nos novos arranjos de divisão social do trabalho, que contempla etapas em diferentes países e regiões do planeta.

Durante a pandemia de COVID ficou claro que as etapas consideradas menos importantes e valoradas nas cadeias produtivas foram as que garantiram melhor capacidade de intervenção aos países que as dominavam, chegando ao limite da Inglaterra ter dificuldades de produzir máscaras em larga escala ou o Brasil não dispor de unidades industriais capazes de fabricar respiradores.

Os novos métodos de produção atualmente em implementação irão incorporar novas tecnologias na ampliação da produtividade e, se antes as modificações passavam pela relação homem-máquina, agora estão sendo novos parâmetros na relação máquina-máquina, com consequências em termos de novas competências exigidas e um redimensionamento do volume de trabalhadores empregados nas linhas de fabricação.

Esse é outro aspecto que merece uma análise dos pontos de vista social e político, para calibrar a vclocidade das mudanças e permitir a migração de profissionais para outras atividades ligadas às novas demandas de intervenção humana.

A inteligência artificial associada a grandes arquivos de dados (Big Data) em computação em Nuvens, conectando máquinas com comunicação em tempo real, vai permitir que um processo de "aprendizado", como por exemplo a adaptação a um protocolo de execução de tarefas, seja compartilhado por equipamentos de mesma tecnologia e finalidade.

Os limites espaciais, devido à limitação robótica à duas dimensões, foram superados e hoje é possível sistemas de automação avançada a percepção ambiental em 3 dimensões, além da utilização de sensores que permitem a sensibilidade sobre as condições materiais do contato físico, evitando danos a outros equipamentos ou, principalmente, a operadores.

Logo estarão presentes intensivamente, não apenas nas unidades industriais, mas também no comercio e nas residências a chamada "internet da coisas", um conexão entre equipamentos que permite o controle, aquisição de informações, registros de problemas funcionais e monitoração do funcionamento à distância.

Falar sobre essas alterações pode ganhar o aspecto de uma obra de ficção científica com fim catastrófico, seja com a chamada "singularidade" – maquinas se tornando independente da ação humana – ou modelos de sociedades com uma super concentração de riqueza na qual uma parcela privilegiada utiliza robôs e androides para se proteger da grande massa de despossuídos.

Entretanto, é importante considerarmos que o processo de crescente concentração atualmente em curso não precisou esperar as novas gerações tecnológicas, uma vez que tem suas raízes, como vimos nos capítulos anteriores, na hegemonia do capital financeiro e no ataque a direitos sociais dos trabalhadores.

Por outro lado, olhando o que ocorreu em diversos setores no passado podemos ter exemplos até de ampliação de postos de trabalho mesmo com mudanças tecnológicas que pareciam destinadas à sua redução, como pode ser exemplificado com as alterações nos transportes públicos ou na logística de distribuição.

Substituir com enormes ganhos de produtividade as atividades rotineiras ou um grande parcela de suas etapas por tecnologias que tem precisão na educação e são imunes a preocupações de natureza pessoal não elimina a sensibilidade e percepção humana para enxergar a integralidade do processo de produção, da concepção ao consumo, e introduzir modificações fora de uma linha imaginativa que se pode esperar de uma máquina.

Recentes experiências com a criação de textos literários utilizando Inteligência Artificial mostram que, no limite, serão geradas compilações e combinações de textos já existentes, mantendo o estilo de um autor selecionado.

A formula que vale tanto para utilização de máquinas na substituição de humanos em áreas insalubres ou de operários em linhas de montagem deve contemplar a capacitação de profissionais ao novo ferramental tecnológico ou, na impossibilidade, a absorção dos mesmos por um sistema de previdência antecipada, suportado por parte da mais valia relativa gerada, com a possibilidade da assunção de novas atividades.

Máquinas não consomem e foi a existência de uma massa de trabalhadores assalariados que possibilitou a criação de um mercado de consumo, portanto a equação só fecha se contemplar a preocupação com a manutenção do emprego.

CAPÍTULO 5: Tecnologias Portadoras do Futuro

"Se eu tivesse lhe dito há 25 anos que, em um quarto de século, um terço da raça humana estaria se comunicando entre si em enormes redes globais de centenas de milhões de pessoas - trocando áudio, vídeo e texto - e que o conhecimento combinado do mundo seria acessível a partir de um celular, que qualquer indivíduo poderia postar uma nova ideia, introduzir um produto ou passar um pensamento para um bilhão de pessoas simultaneamente, e que o custo de fazê-lo seria quase gratuito, você teria balançado a cabeça em descrença. Tudo isso agora é realidade."

(Jeremy Rifkin – The Zero Marginal Cost)

Alguém que nasceu no século XII, morreu com as mesmas ofertas de bens e produtos que conheceu na infância.

Se pensarmos em outro individuo nascido em 1880, vamos constatar que teve a vida impactada pelo rádio aos 50 anos e pela teve aos 70 e talvez tem atingido uma idade mais avançada pelo acesso a antibióticos e fármacos que praticamente dobraram a expectativa de vida no período.

Entretanto, a população nascida no século XXI e parcela nascida no século passado ainda viva, convive com um permanente processo de mudanças no cotidiano e na forma de produzir, distribuir e utilizar novos produtos e serviços, que altera em intervalos cada vez menores os processos e ciclos da criação ao consumo.

Em seu livro "Da Revolução Industrial inglesa ao Imperialismo", Eric Hobsbawn comenta como ciência e tecnologia passam a ser o esteio da Revolução Industrial a partir de iniciativas de empreendedores que se propuseram a utilizar o conhecimento existente na criação de novos negócios:

"Os primórdios da Revolução Industrial foram um tanto primitivos, tecnicamente, não porque não houvesse à disposição melhor ciência e tecnologia mais avançada, porque as pessoas não se interessavam por elas ou porque não pudessem ser persuadidas a usá-las. Ela foi simples, de mudo geral, porque a aplicação de ideias e dispositivos simples, ideias muitas vezes conhecidas havia séculos, muitas vezes pouco dispendiosas, era capaz de produzir resultados espetaculares. A novidade não estava nas inovações, e sim na presteza com que homens práticos se dispunham a utilizar a ciência e a tecnologia desde muito disponíveis e a seu alcance; e no amplo mercado que se abria às mercadorias, à medida que os preços e os custos caíam rapidamente. Não estava no florescimento do gênio inventivo individual, e sim na situação prática que fazia voltar o pensamento humano para problemas solúveis."

Atualmente é muito comum produtos que passam a substituir as funções de outros, cujos antigos fabricantes esforçavam por melhorias e travavam duras batalhas competitivas com concorrentes, são cada vez mais frequentes e inúmeros casos podem ser elencados, como é o caso de máquinas de escrever e de fotografar.

Nesses exemplos verificamos que fabricantes tradicionais, como Remington, Olivetti e Kodak, tem algumas linhas de produtos encerradas e outras integralmente eliminados do mercado por indústrias de outro campo do desenvolvimento tecnológico como são respectivamente os fabricantes de computadores pessoais e smartphones.

Joseph Schumpeter, no capítulo "O processo de destruição criativa" de seu livro "Capitalismo, Socialismo e Democracia, ressalta que a oferta de novo um produto ou serviço substituindo o tradicionalmente ofertados representa a mais forte forma de concorrência:

"A primeira coisa a ser descartada é a concepção tradicional do modus operandi da concorrência. Os economistas finalmente começam a sair da etapa em que só enxergavam a concorrência dos preços. Assim que a concorrência da qualidade e o esforço de venda são admitidos no recinto sagrado da teoria, a variável preço é retirada da sua posição dominante. No entanto, o que praticamente monopoliza a atenção do teórico continua sendo a concorrência em um molde rígido de condições invariantes, especialmente os métodos de produção e as formas de organização industrial. Mas, na realidade capitalista (em oposição à sua imagem estampada nos manuais), o que conta não é esse tipo de concorrência, e sim a concorrência da nova mercadoria, da nova tecnologia, da nova fonte de abastecimento, do novo tipo de organização (por exemplo, a unidade de controle em grandíssima escala), ou seja, a concorrência que impõe uma vantagem decisiva em custo ou qualidade e que ataca não nas margens dos lucros e da produção das empresas existentes, mas nos seus alicerces e na sua própria existência. "

Inovações, invenções ou combinações de propriedades existentes em diferentes campos da tecnologia se colocam com alternativas mais eficazes e de menor custo para atender as demandas do consumidor, colocando em dúvida o destino de grande número de atividades profissionais e o modelo educacional e de capacitação dos trabalhadores, bem como da forma de fazer negócios.

Em todo o mundo, o domínio do capital pelo setor financeiro, com a oferta de serviços e produtos condicionadas por canais que detêm o controle dos mecanismos de ligação com os mercado consumidor e que atuam sem a responsabilidade com a produção, viabilizaram internacionalmente novos parâmetros legais nas relações capital-trabalho, retrocedendo em direitos e seguridade para a classe trabalhadora e redução do espaço de atuação para o exercício comercial de empresas comerciais convencionais em vários setores.

O número de trabalhadores ligados a aplicativos, boa parte com vínculos parciais ou atendendo por demanda. já superam, em muitos países, aqueles com os tradicionais laços patrão-empregado.

Trago novamente este aspecto porque é preciso ter em pauta o alinhamento da questão social e sua vertente política para garantir programas de formação e qualificação para uso das novas alternativas tecnológicas e ao mesmo tempo criar um modelo securitário que suporte a transição e o amparo ao conjunto de trabalhadores que, pelo tempo de exercício profissional ou pela idade, enfrentem maiores dificuldades ou para quem seja impossível a adaptação.

Além disso, será fundamental criar mecanismos de redistribuição dos incrementos da mais valia relativa, que cresce exponencialmente com a introdução dos novos patamares tecnológicos.

É necessária, também, a avaliação das jornadas de trabalho, não apenas por abrir espaço para novos contingentes de trabalhadores, mas pela possibilidade de permitir o maior desenvolvimento das potencialidades individuais e de convívio social.

As áreas tecnológicas que desempenharão esse impulsionamento evolutivo, de forma singular ou combinada serão a inteligência artificial, nanotecnologia, computação quântica, internet da coisas, comunicação e transmissão de dados, robótica, impressão 3D, ciências de materiais, biotecnologia, engenharia genética e transição energética para matriz associada à redução do impacto ambiental, especialmente climático.

É importante destacar que é possível realizar mobilizações internacionais, ainda que com muitas deficiências na articulação, diante de desafios que coloquem em risco de forma sistêmica a vida e a propriedade.

Os principais exemplos são o combate a Pandemia do Covid 19 e as modificações exigidas na adaptação de programas e bancos de dados em função do chamado Bug do Milênio que teoricamente seriam afetados pela mudança na contagem de tempo na virada do ano1999 para 2000.

Essa última gerou a contratação de uma série de consultorias internacionais por grandes empresas, especialmente no setor financeiro e no de infraestrutura envolvendo cifras fantásticas na solução de um problema que, observado agora, parece ter sido pouco ou nada efetivamente perigoso, na dimensão em que foi alardeado.

Para efeito de comparação, na ocasião o Gartner Group, outra empresa gigante de consultoria, estimou que o valor investido nas adaptações de sistemas e bancos de dados foi similar ao custo calculado para realizar todos os programas ambientais, tais como saneamento, despoluição de rios e lagos, reflorestamentos, entre outros, previstos no levamento realizado durante a ECO 90.

Em outras palavras, uma suposta ameaça a sistemas e programas de TI conseguiu carrear fundos que realizariam um equacionamento da maior parte dos problemas ambientais.

Outro recente exemplo foi o suporte financeiro à intensa pesquisa por vacinas contra a COVID, bem como a cobertura das despesas com medidas de controle seguidas por todos os países no intuito de superar, a propagação de um vírus até então desconhecido.

O que dizem esses exemplos combinados?

Tomando um problema que ponha em risco a vida, a economia ou havendo concordância em superar uma determinada restrição ao desenvolvimento humano, é possível viabilizar de forma rápida composições de conhecimentos científicos e, também organizar o financiamento necessário.

Temos essas duas condições para erradicar doenças, a fome e os déficits de ensino, em escala planetária, faltando a evidente vontade política e a superação da atual desorganização da classe trabalhadora, o elo do processo de produção cujas bandeiras de unidade e a agenda de reivindicações parece ter retrocedido aos primórdios da Revolução Industrial.

Impressão 3D, para fabricação de próteses, nano robótica e exames não invasivos com utilização de imagens de ultra fidelidade e mapeamento genético serão a base para o tratamento e erradicação da quase totalidade de doenças conhecidas, bem como a prevenção de novos surtos e até Pandemias.

 A disponibilização de moradias, outro dos graves problemas mundiais, pode ser enfrentado com uso de novos materiais e, de novo, a impressão 3D, inovações que permitem realizar programas habitacionais com módulos que, pela escala de fabricação, atingiam baixíssimos custos unitários e sejam extremamente resistentes a intempéries além de contar com controle térmico que diminua gastos com calefação ou com refrigeração.

O planejamento de tal expansão pode vir concatenado com projetos de produção de energia descentralizados e com reduzido impacto ambiental.

A produção de alimentos com uso intensivo de biotecnologia permite aumentar o número de safras sem danificar o solo e sem causar outros tipos de impactos ambientais ou à qualidade e propriedades alimentares.

Esta possibilidade na produção de alimentos só não atinge um ritmo acelerado de expansão por motivos de natureza política e das limitações geradas pela propriedade de terras.

São, portanto, diversas as circunstâncias em que, conforme os exemplos citados, é possível com o uso combinado das tecnologias atuais enfrentar os problemas que atingem a maior parte dos habitantes da Terra, que se encontram expostos a situações de extrema vulnerabilidade.

APÍTULO 6: As Grandes Corporações Tecnológicas (Big Techs)

"Um fato desconfortável, pouco citado pela maioria dos defensores da economia digital, é que, apesar de uma onda de startups e do enorme apoio que elas recebem por parte dos investidores de risco, o mercado está dividido entre cinco grandes empresas de tecnologia: Apple, Google, Facebook, Microsoft e Amazon. E muitas startups têm uma única estratégia de saída e um único modelo de negócio: serem adquiridas por uma dessas grandes empresas. Com isso, elas não precisam se preocupar com a viabilidade de seus modelos de negócio, com a geração de receitas e com a lucratividade: basta conceberem o serviço de tal modo que este seja complementar às estratégias de expansão de gigantes como Google ou Facebook, que, ao comprarem a startup e os dados por ela gerados, acharão uma maneira de integrá-los em seus imensos impérios de dados."

(Eugene Morozov - BIG TECH: a ascensão dos dados e a morte da política)

Os resultados econômicos da chamada economia digital mostram várias empresas de tecnologia com faturamentos superiores aos PIBs da maioria das nações.

Só no terceiro semestre de 2020 a Apple apresentou um faturamento de US$91 bilhões e a aquisição do controle acionário do Twitter pelo bilionário Elon Musk envolveu um operação de U$40 bilhões.

O faturamento semestral acima citado é equivalente a 70ª posição entre os 216 países cujos PIBs são listados pelo Banco Mundial, enquanto a compra do Twitter ocuparia 91ª posição.

Mais do que dar a dimensão da presença das grandes empresas digitais, os números indicam que um grupo de atores empresariais deste porte exercem ou buscam exercer na plenitude o poder político não apenas proporcional à sua dimensão economia como também para garantir sua expansão, impondo um modelo de negócios que perpetue sua liderança.

Sendo maiores economicamente que a maioria dos países e operando globalmente, passaram a articular uma ação de desregulamentação ou de adiamento de leis e normas nos países que não possuem um marco legal no sentido de estabelecer o contorno institucional para as atividades em seu território.

O foco da desregulamentação desejada é evitar ou minimizar ao máximo a aplicação de tributos e, também, limitar reivindicações trabalhistas, preferencialmente impedindo qualquer forma a representação sindical de seus empregados.

Landislau Dowbor define em seu livro "O capitalismo se desloca" a forma como o capital financeiro, profundamente conectado com as grandes empresas de tecnologia, estabelece seu controle sobre as condições para sua garantia e expansão:

> "Para o novo modo de produção que surge, mais importante que controlar os meios de produção tradicionais é controlar os fluxos financeiros e os meios de comunicação e de informação da população, apropriar-se do mecanismo de mudança das leis por meio de controle dos parlamentos e dos sistemas judiciários, comprar universidades e instituições de pesquisa e tudo que se refere ao conhecimento, gerar plataformas de informação e comunicação que entreguem o controle sobre a própria intimidade das pessoas."

Além das cinco gigantes existem outras grandes empresas de tecnologia que atuam em segmentos específicos nos quais substituem o clássico contato entre produtor e consumidor, se colocando como uma etapa intermediária, oferecendo serviço de ligação com os clientes, sem arcar com as etapas de produção e até mesmo a atividade de entrega.

A partir de grandes banco de dados (Big Data) de consumidores, carregados com detalhadas informações sobre gostos e preferências podem oferecer opções ou orientar escolhas de produtos e serviços oferecidos por terceiros, sem estarem sujeitos a incidência de impostos, compra de matérias primas, gestão de mão de obra ou contratação de seguros.

Nesta categoria estão, por exemplo, empresas como UBER e AIRBNB.

O processo de comunicação para obter apoio na sociedade e, principalmente, estimular trabalhadores a desejar participar das atividades, com o mínimo de proteção social, com remuneração apenas nos momentos em que seu serviço é requisitado e ainda ter que, em muitos casos, adquirir e manter suas ferramentas e equipamentos de trabalho, passou pela construção de imagem positiva dos fundadores, emulando valores como audácia, obstinação, competência c muito foco.

Um sistemático e bem-organizado modelo de comunicação, com forte presença nas mídias convencionais e digitais, com a divulgação de informações sobre os fundadores que consolidam os valores pessoais e ao mesmo tempo criam uma áurea de mistério sobre a construção dos verdadeiros impérios econômicos que administram, romanceada com informações sobre algum dado excêntrico de personalidade.

A eficaz comunicação consolidou uma visão de que a posição de liderança pode ser alcançada por qualquer um que siga o receituário, afinal na origem todos os grandes empresários destas empresas forem jovens de limitados recursos, mas dotados de excelentes ideias, trabalhando na maior parte dos casos em garagens ou instalações muito humildes.

A percepção aguçada sobre o negócio e a total dedicação tornam desnecessária, segundo essa narrativa, a formação acadêmica, o que vem provocando, como exemplo, uma sensível queda no ingresso de jovens, principalmente nas universidades americanas, em cursos universitários, face a opção de desenvolver um aplicativo revolucionário que os colocará no pódio do sucesso.

Com a queda e preços em função da escala de produção, smartphones se tornaram um equipamento amplamente distribuído, servindo de interface entre o usuário e um mundo no qual ele teoricamente passa ter sua opinião ouvida e onde pode selecionar influenciadores e participar de grupos que comunguem ou o ajudem a construir sua visão de mundo.

Foi em boa parte junto a esse público que as grandes empresas construíram o arcabouço de sustentação para garantir um novo modelo de empregabilidade no qual os trabalhadores se autoconsideram empreendedores e veem seus companheiros de atividades como concorrentes, substituindo a solidariedade surgida no convívio e na necessidade de compartilhar práticas e formas de organização para solucionar suas demandas.

As Big Techs, em estreita articulação com o capital financeiro, oferecem a possibilidade de elevados retornos de suas ações em função da constantes valorização dos papéis e do pagamento de dividendos, pouco importando que a migração das etapas industriais tenha ocorrido, em um movimento sem retorno, para outros países em que a desregulamentação das relações trabalhistas tenha gerado uma legião de subempregados ou contratados em bases precárias, como no caso brasileiro onde o número de prestadores de serviços a plataformas digitais ultrapassa o total de trabalhadores com empregos formais.

A fidelidade dos usuários é garantida pela necessidade de consumo da última versão dos produtos ou serviços ofertados, seja por compatibilidade do uso de um software ou pelo status de adquirir o modelo mais moderno de um equipamento, mesmo que seu uso primário não tenha sido alterado.

Exemplos desse último caso são as novas gerações de smartphones que avançam principalmente na qualidade de fotos e vídeos, bem como nas formas e velocidades com que podem ser armazenados em nuvens ou postados em redes sociais.

Outro ponto de grande relevância no processo de conquista e adesão ao modelo empresarial que, sob a roupagem tecnológica, acelera o processo de ultra concentração de rendas, é viciante necessidade inoculada principalmente em grupos mais jovens de fazer um registro contínuo e tempo real de suas atividades, alimentando logaritmos capazes de decupar preferencias, desejos e motivações.

Os bancos de dados gerados servem tanto para ofertar novos produtos aderentes às manifestações individuais, como as ofertas que aparecem quando o usuário entra em qualquer de suas redes sociais, quanto para orientar aas empresas em suas ações estratégicas, incluindo a decisão de alocação dos recursos para pesquisa e desenvolvimento.

Podem também ser usados para o mapeamento político e até a intervenção em processos eleitorais de modo a incentivar a presença no poder de forças politicas complacentes com suas demandas de desregulamentação, que em verdade é a criação de um ambiente sem restrições a modelos invasivos da privacidade, mesmo que justificados pela abertura de informações individuais através de "stories" ou mecanismo similar.

Um ambiente em que acha o mínimo de incidência tributária e de compromissos com o respeito a direitos trabalhistas, previdenciários e até de segurança física dos trabalhadores.

Através da criação de empresas diretamente ligadas a suas holdings ou através de fundações criadas pelo patrimônio de seus fundadores, normalmente um artifício para fugir de taxações a grandes fortunas ou impostos em casos de heranças, as Big Thecs têm entrado em ramos de atividades bastante diversos das originais, como desenvolvimento de fármacos, lançamento de naves espaciais, oferta de operações financeiras etc.

Entram também na rentável indústria de defesa com equipamentos de identificação, gestão de bancos de dados de informações sensíveis como DNA, monitoração espacial, entre outras.

Por seu porte econômico, influencia na opinião pública e presença internacional, elas conseguem ter um acesso privilegiado a governos e organizações multilaterais, tentando construir um desenho de futuro que pode lembrar filmes de ficção, mas que tem em seu amago um viés autoritário, excludente e aprofundador das desigualdades sociais.

CAPÍTULO 7: Pós Verdade – Comunicação e Narrativas

"As mídias sociais deram o direito à fala a legiões de imbecis que, anteriormente, falavam só no bar, depois de uma taça de vinho, sem causar dano à coletividade. Diziam imediatamente a eles para calar a boca, enquanto agora eles têm o mesmo direito à fala que um ganhador do Prêmio Nobel"

(Umberto Eco - Declaração dada durante entrevista concedida em 2015 no evento em que recebeu o título de Doutor Honoris Causa em Comunicação e Cultura da Universidade de Turim)

Não por acaso a política foi atravessada por notícias falsas e teorias mirabolantes, direcionando votações e destruindo reputações, em especial por ter sido primeiramente entendida e utilizada por grupos e personalidades da extrema direita.

Segundo a definição da Academia Brasileira de Letras, Pós Verdade é "informação ou asserção que distorce deliberadamente a verdade, ou algo real, caracterizada pelo forte apelo à emoção, e que, tomando como base crenças difundidas, em detrimento de fatos apurados, tende a ser aceita como verdadeira, influenciando a opinião pública e comportamentos sociais."

Um nova gramática de classificação de teorias sociais e comportamentos vem sendo desenvolvida, encontrando terreno fértil uma enorme parcela da população, especialmente jovens, cuja apropriação de novos conhecimentos fica condicionada ao formato de mensagens curtas com linguagem simples e analogias rudimentares, afastando ou eliminando a investigação de um tema em livros, buscando a compreensão diretamente com os autores que formularam ideias e conceitos.

A leitura de um livro exige disciplina e concentração, enquanto o acesso a mensagens com pequenos trechos e formato lúdico se apresenta como um opção mais simples e até mais divertida.

Na internet o usuário é um leitor, mas também é um produtor de conteúdo, seja divulgando seu cotidiano, seja repassando uma mensagem que julgou interessante ou seja dando sua opinião sobre qualquer tema, mesmo que não tenha qualquer informação precisa ou mesmo que tenha pesquisado sobre o assunto em debate   .

Juergen Habermas, estudou o processo de construção do meio no qual uma ideia ou um conceito eram debatidos e consensados, no que chamou Esfera Pública.

Ele investigou o ideal da razão emancipatória e encontrou nas estruturas de sociabilidade e de comunicação da burguesia culta do final do século XVIII as práticas das pessoas privadas reunidas um público para discutir cultura, o que caracteriza a base de um modelo de comunicação sem coerção entre pessoas livres no uso público da razão.

O princípio kantiano de publicidade se situava no centro dessa concepção, considerando, na época do Esclarecimento (Aufklärung), suas três dimensões próprias:

1. Primeiramente, nos espaços de sociabilidade burguesa, em que pessoas privadas fazendo um uso público de sua razão, constituem uma opinião pública em um processo de discussão baseada na melhor argumentação e na busca consenso.
2. Em segundo lugar, essa esfera pública se constitui de pessoas que possuem uma autonomia individual fundada na estrutura e sociabilidade da família burguesa e em sua relação com a propriedade privada.
3. Em terceiro lugar, todas as decisões do poder político são submetidas à crítica democrática soberana, sem a subordinação a outras instâncias do poder, tais como a religião ou o poder real.

Habermas incorporou, também, de forma parcial, em sua concepção as conclusões de Horkheimer e Adorno no livro "Dialética do Esclarecimento", no qual os autores consideraram que a razão se transformou em instrumento de dominação; a cultura não visa mais a razão e sim a manipulação das massas com a finalidade de propaganda política e publicitária; o capitalismo liberal deu lugar ao capitalismo monopolista e o Estado liberal burguês do século XIX, ao Estado autoritário.

A formação autônoma de uma opinião pública, nas sociedades modernas dominadas pela razão instrumental, deixou de ter a capacidade para formar juízos racionais de maneira independente.

Consideraram que, principalmente aqueles expostos à intensa propaganda nazista, se tornaram indivíduos sem qualquer condição de criticar as mensagens emanadas do centro de poder e que passavam a constituir uma visão coletiva.

No início da década de 90 o mundo viveu o início de um período unipolar a partir do ocaso da experiência soviética, com a exaltação da hegemonia capitalista a tal ponto que o livro de maior exposição sobre a nova etapa geopolítica ter sido o "Fim da História e o Último Homem" do neoconservador Francis Fukuyama, consagrando a ideia de que nada mais seria alterado dos pontos de vista social e político, passando o mundo a ser gerido por uma entidade quase que metafísica – o Mercado.

Habermas atualizou seu enfoque anterior e avaliou que a democracia de massas do estado de bem-estar poderia conduzir a um socialismo democrático, a partir de processo de construção participativa da opinião pública.

Ocorre que a social democracia não tinha esse objetivo e sim garantir um capitalismo "mais humano".

Logo ganhou força o neoliberalismo que destruiu ganhos sociais, entregou a hegemonia ao Capital Financeiro e a comunicação de massas passou a focar na divulgação de que apenas um modelo econômico seria possível.

A esfera pública perdeu sua participação no processo de construção de diálogo na política, uma vez que a produção de decisões passou a ocorrer fora de seu âmbito de debates.

Com esse modo de produção de políticas públicas e concepções sociais, o papel dos cidadãos se limita a seguir e legitimar, restando pouco espaço para a discussão e exercício da crítica.

A imprensa e aos meios de comunicação massivos, atualmente por meio de sites, blogs, podcasts etc., passam a exercer o papel central na criação de uma esfera pública própria que se caracteriza pela integração da produção e do consumo, sob a influência das classes dominantes, tendo a frente o capital financeiro, e seus interesses particulares.

Nesse novo arranjo democrático, a opinião pública é muitas vezes substituída pela opinião publicada, aquela que reflete o que pensa o mercado, detentor de enorme poder e, em muitos casos, a integral propriedade de empresas de comunicação de massas.

Em seu livro "À sombra das massas silenciosas: o fim do social e o surgimento das massas", o filósofo Jean Baudrillard foi premonitório ao analisar o comportamento das massas, que é ampliado pela entrada de meios velozes e baratos de comunicação como o WhatsApp:

> "Seja qual for seu conteúdo, político, pedagógico, cultural, seu propósito sempre é filtrar um sentido, manter as massas sob o sentido. Imperativo de produção de sentido que se traduz pelo imperativo incessantemente renovado de moralização da informação: melhor informar, melhor socializar, elevar o nível cultural das massas etc. Bobagens: as massas resistem escandalosamente a esse imperativo da comunicação racional. O que se lhes dá é sentido e elas querem espetáculo. Nenhuma força pôde convertê-las à seriedade dos conteúdos, nem mesmo à seriedade do código. O que se lhes dá são mensagens, elas querem apenas signos, elas idolatram o jogo de signos e de estereótipos, idolatram todos os conteúdos desde que eles se transformem numa sequência espetacular."

Estes aspectos mostram o solo fértil, tanto do ponto de vista dos meios disponíveis quanto da falta de crítica na recepção de mensagens, para o desenvolvimento de narrativas que condicionem a adesão de propostas de organização do mundo do trabalho que inclusive violem os próprios interesses das massas que a elas aderem.

Não por acaso as desregulamentações nas legislações trabalhistas e programas de inclusão social foram, mundo afora, recepcionadas como essenciais e emergenciais para sustentação do novo ambiente empresarial.

A comunicação passa a ser guiada por signos, por exemplos de sucesso, por uma nova doutrina social que justifica o sucesso em uma pretensa meritocracia e um fantasioso "empreendedorismo" que transforma a adesão de um trabalhador a uma plataforma digital, para a qual trabalhará sem qualquer vínculo de proteção previdenciária, sem seguro mesmo em casos de atividades de entregas usando motos ou bicicletas, fornecidas e mantidas pelo próprio trabalhador.

Tudo isso impulsionado por um sonho construído segundo atributos de individualismo e competitividade, que trava com ouros trabalhadores também precarizados, na expectativa de obter um grande sucesso financeiro ou, no caso jovens desenvolvedores de aplicativos, por exemplo, o sonho de descobrir um "unicórnio" que o conduzirá ao restrito clube dos bilionários fundadores das Big Techs que, segundo lendas largaram as universidades sem concluir seus cursos e se lançaram com obsessiva dedicação na construção das marcas de sucesso, trabalhando nas garagens residenciais ou em outra situação de penúria financeira.

Funciona como se cada um que adere esse estilo de vida estivesse encarando a posição de um herói mítico que, conforme bem descreveu Joseph Campell no livro "O Herói de 1.000 faces, passa por 12 etapas que se iniciam com um chamamento à aventura, o acolhimento de um mentor, a luta contra variadas dificuldades e provações, para ao final obter a sonhada vitória, mesmo que a idealizada saga mitológica seja em cima de um veiculo de duas rodas em meio ao caótico trânsito de uma grande cidade.

Uma outra vertente que contempla indivíduos não atraídos por essa jornada empreendedora é a fictícia ampliação do poder individual, que se traduz por exemplo na possibilidade de decidir sobre o destino de um participante do Big Brother ou ter um canal de Youtube onde seja um coach distribuindo conselhos sobre temas nos quais pouco ou nenhum conhecimento possua, podendo se autointitular filosofo, psicólogo ou consultor financeiro,

As Big Techs controlam os principais canais contemporâneos de comunicação e conseguem ditar as agendas e, em certa medida, dirigir os comportamentais sociais, criando o ambiente para as escolhas políticas que fortaleçam seus interesses, em um movimento que combina o controle das mídias com a concentração de poder.

Sofrendo um ataque constante desde o início da hegemonia neoliberal, o Estado é percebido por boa parte da população como ineficiente e instrumento para dominação de políticos corruptos e voltados somente a seus interesses privados.

Esse movimento de comunicação demonizou a política, desinformando sobre os papéis de cada instância de poder e permitindo o acesso aos cargos mais importantes do ponto de vista decisório de personagens que, embora disputando a conquista do poder político, fazem suas campanhas criticando a própria política ou se coligando com personalidades fisiológicas ligadas ao atendimento de demandas de grupos específicos ou focados em uma localidade restrita, não sendo raras a participação de pessoas ligadas à atividades ilegais.

No Brasil, um outro ingrediente nessa mistura é a participação de grupos religiosos comandados por lideres inescrupulosos e intermediados por clérigos sem formação teológica, mas com facilidade de comunicar interpretações falseadas de textos religiosos moldadas a sustentar a argumentação no direcionamento político e a obtenção de donativos financeiros.

Na ausência da presença do Estado, o Mercado surgiu com a solução para garantir a empregabilidade desde que seguindo o receituário que aplicou globalmente e que tinha como eixos centrais a eliminação ou enfraquecimento dos sindicatos, reformas e reduções de direitos trabalhistas e criação de modelos de relações profissionais que se materializassem como contratos, preferencialmente de pouca formalidade legal, entre empresas e profissionais.

Essa a origem da ênfase no empreendedorismo que deixa de significar a expressão de uma produção pioneira individual para ser uma espécie de ideologia que qualifica os vínculos empregatícios como antiquados e superados.

Fica subentendida que agora o trabalhador é também um empresário e, mesmo trabalhando para uma empresa de porte internacional, não terá limites para seu crescimento econômico e ascensão social.

CAPÍTULO 8: O novo quadro geopolítico

"Nenhuma ordem internacional é eterna. Nenhum estado é eternamente forte ou eternamente fraco. O declínio de Estados fortes, a ascensão de Estados fracos ou o rearranjo das relações entre antigos aliados e inimigos podem lançar a ordem internacional em uma mudança caleidoscópica, alterando fundamentalmente o ambiente no qual a grande e diplomática estratégia deve operar."
(Charles W. Freeman Jr.- Arts of Power: Statecraft and Diplomacy)

O mundo que emergiu da segunda guerra foi demarcado pelos acordos entre as potências vencedoras do conflito e pelos mecanismos financeiros empregados para a construção de uma nova ordem econômica bem como para a reconstrução física de países que foram palcos da guerra.

O prestígio da URSS junto a populações libertadas, a colônias na Ásia e África que implementam seus processos de independência e a mobilizações sociais, em particular onde contavam com movimentos mais organizados de trabalhadores, gerou um novo conjunto de direitos e atendimentos a reivindicações trabalhistas.

Na Europa os partidos comunistas e socialistas tinham grandes adesões e entravam muito fortalecidos nos processos eleitorais até mesmo na Inglaterra onde Winston Churchill, o grande líder conservador que liderou o país durante a guerra, foi derrotado pelo trabalhista Clement Attlee.

No Brasil, por exemplo, o PCB sai da clandestinidade, Luiz Carlos Prestes deixa a cadeia após quase 10 anos e se elege Senador a frente de uma bancada de deputados comunistas eleitos para elaborar a Constituição de 1946.

Para se contrapor a um avanço de reivindicações sociais, que em muitos locais estavam associadas a uma transição de regime, surge em diversos países, marcadamente na Europa, a experiência social-democrata caracterizada pelo "wellfare state", com um novo desenho de promoção social e com maior transferência de rendas aos trabalhadores, inclusive através da garantia de serviços públicos de saúde e educação de qualidade oferecidos pelos estados.

Esse período de ampliação da oferta de empregos, melhoria na distribuição de rendas e crescimento econômico, ocorria em um ambiente internacional caracterizado pela "Guerra Fria", uma disputa de áreas de influências entre o chamado ocidente, uma definição que não correspondia à localização geográfica, mas por serem países capitalistas liderados pelos Estados Unidos, e o bloco socialista liderado pela URSS.

A partir das crises geradas pelos choques de preços do petróleo ocorridas nos 70, em função das alterações nos valores praticados pelos países produtores, organizados em torno da OPEP – Organização dos Países Produtores de Petróleo, esse arranjo econômico internacional sofrerá uma profunda modificação que, excluídos outros fatores políticos cuja avaliação fugiria ao foco deste trabalho, culmina com o início do processo de ultra liberalização da economia, que tem se ponto marcante com a eleição da conservadora Margareth Thatcher para primeira-ministra inglesa em 1979.

Uma série de medidas, que ganham força no Consenso de Washington em 1989 e com o fim da experiência soviética em 1991, são implementadas mundialmente tendo como objetivo consolidar os marcos do neoliberalismo.

Sob o pretexto de combater crises econômicas, processos inflacionários e combate à miséria, é implementada uma nova conduta econômica baseada principalmente na redução do papel dos estados, privatizações de empresas públicas de setores estratégicos, limitação de gastos e investimentos estatais e abertura comercial.

Assim como na implantação pioneira no thatcherismo inglês, que trava dura luta e quebra a coluna do sindicalismo, a partir do confronto com os mineiros, os países vão progressivamente alterando suas legislações sindicais e reduzindo os vínculos formais de trabalho.

O mundo vive um extenso período de unipolaridade americana, cujo limite e migração para um mundo multipolar somente vem sendo recentemente desafiado, a partir da disputa da liderança econômica com a China, que além de ter se tornado a economia de maior crescimento econômico nas últimas 3 décadas, tem articulado um ampla base comercial e estratégica, sendo o maior parceiro comercial com a maior parte dos países do mundo, além de integrador da eurásia a partir de uma forte aliança técnica, energética e militar com a Rússia.

O economista e acadêmico russo Serguei Glaziev, em entrevista – Revista Controvérsia – 28.06.2022, assim define o atual momento de migração para o mundo multipolar:

> "As estruturas hierárquicas verticais características do sistema econômico imperial mundial acabaram revelando-se rígidas demais para assegurar processos de inovação contínuos e perderam eficácia em assegurar o crescimento da economia mundial. Uma nova ordem econômica mundial foi formada na periferia, baseada em modelos flexíveis de gestão, na organização de redes de produção, nos quais o Estado funciona como um integrador, combinando os interesses de vários grupos sociais ao redor de uma meta – aumentar o bem-estar social público. O exemplo mais importante de tal economia mundial integrada hoje é a China, que cresceu três vezes mais rápido do que o crescimento da economia dos EUA por mais de 30 anos. Atualmente, a China já ultrapassa os EUA em termos de produção, exportação de bens de alta tecnologia e taxas de crescimento."

Estas questões geopolíticas têm grande importância em um momento no qual será fundamental estabelecer o conjunto de medidas que suportarão a migração da empregabilidade atual para o ambiente empresarial marcado pela utilização cada vez mais intensiva de tecnologia.

"Há milhares de anos atrás, o homem, coletor de comida, assumiu tarefas posicionais ou relativamente sedentárias. Começou a especializar-se. O desenvolvimento da escrita e da imprensa marcou fases importantes desse processo. Tornaram-se extremamente especializados em separar os papéis do conhecimento dos papéis da ação, embora às vezes pudessem dar a impressão de que "a pena era mais poderosa do que a espada". Mas com a eletricidade e a automação, a tecnologia dos processos fragmentados de repente fundiu-se com o diálogo humano e com a necessidade de levar em consideração integral a unidade humana.

De repente, os homens passaram a ser nômades à cata de conhecimentos — nômades como nunca, informados como nunca, livres como nunca do espacialismo fragmentário, mas envolvidos como nunca no processo social total; com a eletricidade, efetuamos a extensão de nosso sistema nervoso central, globalmente, inter-relacionando instantaneamente toda a experiência humana."

(Marshall McLuhan - Os Meios de Comunicação Como Extensões do Homem)

Curiosamente o livro do sociólogo canadense Marshall McLuhan do qual tiramos a citação acima é de 1964, porém se tornaria totalmente atual se introduzíssemos, no lugar de eletricidade e automação, termos com tecnologia de informação, comunicação de dados, inteligência artificial, nuvem e outras palavras que compõem o moderno cardápio de tecnologia disponíveis em nosso cotidiano.

Em essência, vivemos um momento de alteração das capacitações necessárias e ferramentais disponíveis para continuar buscando a satisfação das mesmas necessidades que nos empurraram da condição de coletores de alimentos para operadores de um enorme portfólio de recursos tecnológicos.

O fato é que as atuais gerações ainda preservam o modelo empresarial da forma como o trabalho foi organizado desde que a indústria assumiu a posição de modelo hegemônico no processo produtivo.

Como vimos, foram implementados modelos visando obter maior produtividade, minimizar riscos físicos, economizar energia, otimizar a logística de distribuição e acelerar os processos de aquisição e pagamento entre os diferentes componentes da cadeia de produção e consumo.

Ocorreram também, ao longo do tempo, eventos de natureza social e política que permitiram melhores condições de exercício das atividades profissionais, das condições de trabalho e até de seguridade social e remuneração, porém com a continua resistência dos detentores do capital, sob suas diferentes formas, em preservar o poder decisório e o modelo concentrador de riquezas.

Independente de momentos e lugares onde tal posição possa ser maior ou menor, é mais ou menos constante a maneira como os conhecimentos são agrupados para realizar as tarefas produtivas ou os serviços de interesse público, que Marx chamou de trabalho improdutivo em relação ao capital, isto é, serviços cujo valor que agregam não ampliam diretamente o nível de riquezas, como é o caso de atividades de segurança, ensino e saúde públicos.

As carreiras decorrentes do agrupamento de conhecimentos, envelopados em conjuntos de formações, parecem ter sido e serão permanentes, quando em verdade são exercidas, em sua grande maioria, há pouco mais de 100 anos, com grande concentração praticada pós segunda guerra.

Atualmente parcelas das atividades antes realizadas pelos produtores vêm sendo transferidas para os consumidores, que completam no uso várias das etapas, não apenas de configuração e montagem, como no caso de equipamentos eletrônicos, como do próprio projeto e desenvolvimento, ao fornecerem dados pessoais para que entrem em ação algoritmos capazes de modelar preferências ou "customizar" produtos segundo o gostos de clientes.

Veja, como exemplo, a escolha de uma cor para tinta de pintura residencial, na qual o usuário tem a seu dispor uma enorme vaiadas de cores e tons que são obtidos com o acréscimo de uma poção do pigmento correspondente em um componente básico, comum a todas as opções, otimizando desta forma o estoque e calibrando a produção ao consumo efetivo.

A questão desafiadora é saber, principalmente para as gerações que entram no mercado de trabalho, quais os conhecimentos e capacidades serão necessárias para o exercício de seu emprego.

O termo "emprego" vem exatamente do verbo "empregar", o seja, o que será utilizado em determinada atividade, uma vez que o domínio de todas as etapas da produção, característica de artesões, foi há muito eliminada e cada um trabalhador, e modo geral, executa um etapa de um ciclo, que muitas vezes não possui sequer a ideia do todo.

Na incessante busca de reduzir custos e tirar o máximo de ganho financeiro do fluxo de caixa de suas industrias, foram introduzidas alternativas como a transferência de etapas para outras empresas, em grande parte mais especializadas ou menos regulamentada em termos de boas práticas sociais e ambientais , muitas das quais em países que pratiquem menores salários.

E, também, como examinamos, grande parte de atividades vem sendo automatizadas, como recursos como redes neurais e inteligência artificial.

Nessas circunstancias é frequente que a natural ordem de, partindo de suas aptidões, o trabalhador buscar o aprimoramento, seja substituída pelo caminho reverso, isto é, a busca de uma se adaptar a qualquer oportunidade que surja, o que é agravado pela pressão decorrente de redução das legislações de amparo trabalhistas, ocorrida mundialmente após a ascensão do ultra liberalismo financeiro.

Muitas das profissões existentes na metade do século passado simplesmente deixarão de existir, seja pela automação seja pela pulverização das competências por elas exigidas entre trabalhadores de mais baixa remuneração ou contratados temporariamente.

Para elaborar um caminho para a transição para uma nova empregabilidade não podemos perder de vista que só o trabalho gera valor, que o trabalho é parte da realização e da expressão da inteligência humana, a geração de riqueza deve trazer a felicidade social e que no limite a superconcentração será acompanhada por um crescente desarranjo social, caracterizado por violência e criminalidade.

Assim como a Revolução Industrial vertebrou o capitalismo, que logo expos suas contradições, enfrentadas em revoluções sociais ou adaptações com concessões para evitá-las, a Revolução Tecnológica demanda um novo arcabouço legal e institucional para amparar trabalhadores cujas atividades, após um período de exercício, foram automatizadas ou substituídas por outras e jovens trabalhadores que buscam iniciar as atividades profissionais.

Será preciso reverter a destruição dos mecanismos sociais e de previdência ocorrida nos últimos 30 trinta anos.

Capítulo 10: Transição e Alternativas

> "Não precisa
>
> fazer lista de boas intenções
>
> para arquivá-las na gaveta.
>
> Não precisa chorar arrependido
>
> pelas besteiras consumadas
>
> nem parvamente acreditar
>
> que por decreto de esperança
>
> a partir de janeiro as coisas mudem
>
> e seja tudo claridade, recompensa,
>
> justiça entre os homens e as nações,
>
> liberdade com cheiro e gosto de pão matinal,
>
> direitos respeitados, começando
>
> pelo direito augusto de viver."
>
> (Carlos Drumond de Andrade – Receita do Ano Novo")

A sabedoria do Poeta nos ensina que as mudanças necessárias e desejadas não irão ocorrer de espontaneamente, como uma decorrência natural de uma evolução tecnológica e econômica, criada a partir da consciência de todos os atores envolvidos nas diferentes dimensões do espectro político e social.

A transição, já iniciada, para um mundo com o sistema produtivo baseado uso intensivo de tecnologias, com as infinitas possibilidades de combinação conhecimentos de diferentes áreas, vai revolucionar as formas de desemper do trabalho, as definições de atribuições de carreiras, o ambiente de exerci das atividades produtivas, as formas de apropriação de conhecimentos e capacitação profissional e, mais importante, as relações sociais.

O trabalho, elemento fundamental da transição, passa um processo dialético de transformação e sua importância muda de forma, porém mantendo a premissa de ser o único elemento do processo produtivo que efetivamente cria valor.

A manutenção da importância essencial do trabalho é bem exemplificada por Leandro Konder, em seu livro "O que é dialética", usando a forma de compreensão apresentada por Hegel:

> "Para ele (Hegel), a superação dialética é simultaneamente a negação de uma determinada realidade, a conservação de algo de essencial que existe nessa realidade negada e a elevação dela a um nível superior. Isso parece obscuro, mas fica menos confuso se observamos o que acontece no trabalho: a matéria-prima é "negada" (quer dizer, é destruída em sua forma natural), mas ao mesmo tempo é "conservada" (quer dizer, é aproveitada) e assume uma forma nova, modificada, correspondente aos objetivos humanos (quer dizer, é "elevada" em seu valor). É o que se vê, por exemplo, no uso do trigo para o fabrico do pão: o trigo é triturado,   transformado em pasta, porém não desaparece de todo, passa a fazer parte do pão, que vai ao forno e – depois de assado – se torna humanamente comestível."

Embora em um ambiente de negócios marcado, como vimos, pela financeirização e pelo pressuposto que tecnologias tem como objetivo principal eliminar ineficiências e, cada vez, substituir a ação humana no processo de produção, o trabalhador continuará exercendo o papel central, mesmo supondo que as máquinas dotadas de AI – inteligência artificial terão a capacidade de ampliar infinitamente seus recursos de adaptação e respostas a desafios no processo produtivo.

A inovação e a predisposição para desafiar o desconhecido são características humanas e se compõe de aspectos racionais, mas também de sentimentos, de intuição e da permanente necessidade de superação, cujos objetivos uma vez atingidos geraram novas necessidades.

Foi isso que não interrompeu o desenvolvimento humano, mesmo quando foram garantidas as necessidades básicas de alimentação e segurança física.

A sofisticação na oferta e preparo de alimentos, as formas de vida em sociedade, o conjunto de normas morais e leis, a vontade de conhecer em novos territórios que em muitos casos sequer havia certeza de existirem, a pesquisa de curas para enfermidades, o lançamento à exploração do espaço, entre tantas outras atividades, são motivadas pelo questionamento filosófico do papel do homem no universo.

Questionar, investigar e ampliar conhecimentos são atributos inerentes à humanidade.

As questões que se colocam no momento de transição a um novo modelo de organização econômica da sociedade estão ligadas às atribuições e competências exigidas pelas novas atividades no mundo do trabalho.

É importante lembrar que em uma sociedade com a economia baseada no caça a formação profissional dos jovens começava ainda criança, desenvolvendo as capacitações que utilizará por toda a vida, como fizeram seus ancestrais.

Em nossa sociedade, o mundo das crianças pouco antecipa sobre os conhecimentos que deverá utilizar quando do desempenho de suas atividades profissionais, gerando não apenas a dificuldade de optar por um curso superior, evidentemente para aqueles que têm condições financeiras de suportar e que não entraram no mercado de trabalho em postos de baixa complexidade levados pela situação financeira familiar.

Ao ingressar em uma empresa do modelo industrial provavelmente migrarão, na evolução das carreiras, para atividades que nunca imaginaram existir quando jovens, guiados pelos modelos organizacionais do contratante, o que pode exigir novos blocos de conhecimentos e capacitação.

No novo modelo, articulado pela intermediação de plataformas digitais, a taylorização, isto é a pulverização das etapas da cadeia produtiva, atinge um limite extremo e a maior parte dos trabalhadores fica condenado a executar a mesma atividade por toda a vida.

Além das frustações profissionais individuais, que curiosamente não são conhecidas por membros de comunidades mais simples, esse modelo impede o desenvolvimento de aptidões que levam ao aperfeiçoamento do processo produtivo e a maiores ganhos de produtividades.

O atual processo de ultra concentração drena dos ganhos de produtividade para as mãos de poucos e, embora a riqueza atualmente existente seja suficiente para eliminar problemas de alimentação e saúde de toda a humanidade e reduzir as jornadas de trabalho liberando forças criativas e culturais, estão basicamente alocadas em ativos financeiros e derivativos que nada acrescentam em termos de expansão da produção física de bens e mesmo de serviços orientados para melhoria das condições de vida.

A exponencial concentração de rendas é um fator de restrição a uma transição que respeite as diferentes condições individuais e as possibilidades e velocidade de adaptação, bem como as realidades dos diferentes países.

Somente rediscutindo o papel do Estado nesta etapa, como instrumento capaz de articular a vontade social, permite tratar de modo socialmente justos as diferenças individuais, superando a tendência a uma situação hobbesiana de luta de todos contra todos.

Pouco sentido há em haver declínio de recursos estatais frente a uma gigantesca concentração em mãos de poucas empresas privadas e pessoas físicas, mobilizadas unicamente em maximizar a lucratividade do próprio negócio, mesmo que em detrimento das condições de vida de imensas parcelas da população e de impactos ambientais que ameacem a sobrevivência da vida na Terra.

Curiosamente. até mesmo do ponto de vista individualista e egoísta que caracteriza o atual estágio capitalista, a viabilização econômica do novo modelo deveria considerar importante que a população tivesse ampliada sua capacidade de consumo para que novos produtos e serviços fizessem "a roda girar", aumentando e aperfeiçoando a produção.

Muito se discute sobre a possibilidade de dar um tratamento filantrópico aos potenciais excluídos, como se fosse possível, tal como ocorre em filmes catastróficos de ficção científica, a vida em uma sociedade composta por uma parcela de cerca de 10% da população mundial vivendo em plena realização material e os outros 90% sobrevivendo em condições extremamente precárias, sem qualquer expectativa de modificação sequer para seus filhos.

Como consequência da Revolução Industrial o mundo viveu quase 3 séculos de lutas e revoluções sociais para atingir formas, mesmo que em certo medidas parciais, de convívio, sustentadas em boa parte pela premissa de um sacrifício geracional com a expectativa de ascensão social de descendentes.

A pulverização na formulação de teorias sociais para superar a situação e estabelecer as bases de uma sociedade mais justa, do ponto de vista de classes, e o peso que algumas questões identitárias que, embora justas, são transformadas pelo Capital em lutas "centrais" para a construção de uma nova sociedade, não tem permitido uma unidade de ação ou a elaboração de uma pauta comum de mudanças.

Na Revolução Industrial alguns pontos de reivindicações por mudanças, como fim de jornadas de até 16 horas, eram claros e universais.

Hoje, como examinamos, fatores ideológicos amplamente difundidos, como a meritocracia e o empreendedorismo; e existência de total controle de todos os meios de comunicação e longo período de um mundo unipolar, alimentam a visão de que a discussão sobre o destino das relações sociais está subordinado e será resolvido pela natural evolução tecnológica e das empresas que as detém e organizam a economia mundial de forma transversal e desregulamentada em relação às nações e suas populações.

A elaboração de um redesenho social passa pela multipolaridade do mundo.com o fim da utilização de uma única moeda como meio de negociações internacionais e um único sistema mundial de compensação de pagamentos, entre outros mecanismos de subordinação econômica difundidos e implementados pelo Capital Financeiro hegemônico.

É plenamente possível a utilização os recursos tecnológicos existentes para resolver os problemas de habitação, saneamento e fome.

Essa possibilidade de mobilização mundial para enfrentamento de um desafio comum já foi testada nos casos do Bug do Milênio e da Pandemia da Covid.

Da mesma forma, é viável utilizar os canais de comunicação existentes, cuja abrangência e a utilização de dispositivos como smartfones tornaram praticamente universais, para difusão de conhecimentos e a capacitação para as novas tarefas profissionais.

Ao analisar as possibilidades de como o processo de reprodução do capital vem perdendo sua justificativa histórica de responsável não somente pelo desenvolvimento econômico, mas também pela produção da riqueza social, Marx no Capítulo VI *inédito* d'O Capital Livro, conclui:

> "Não apenas as condições objetivas do processo aparecem como resultado; mas também seu caráter *especificamente social;* as relações sociais e, portanto, a posição em relação uns aos outros – as próprias relações de produção são produzidas, são o resultado constantemente renovado do processo."

São inúmeras as possibilidades de alteração deste processo e a tentação de propor soluções pontuais pode levar a que nos distanciemos do tema central deste trabalho, que é a análise do comportamento dos componentes, vistos em cada capítulo do texto, que formam um mosaico do quadro social e político do novo ambiente econômico marcado pela utilização tecnológica em crescente escala no processo produtivo e na vida cotidiana.

O combate à concentração e melhoria da distribuição de rendas possa vir da retomada de ações de um Estado redesenhado e aplicação medidas fiscais distributivas.

O avanço dos marcos tecnológicos encontra-se ainda, em sua maior parte, induzidos pela indústria armamentista, exigindo vultosos investimentos que se reorientados para setores como produção de energia, alimentos, melhoria das condições ambientais e habitação podem permitir a transição produtiva, isto é, demandar diferentes estágios de capacitação de mão de obra, permitindo que a formação de novas gerações de profissionais seja preparada para atividades de maior emprego de tecnologia.

A grande resistência a essa inflexão, além da evidente posição do Capital, está na arena ideológica, uma vez que enorme parcela da população mundial, com grande peso dos jovens nascidos no atual milênio, encontra-se apartada de ações de solidariedade e convívio social, mobilizadas por um sonho de realização individual baseado na descoberta de "empreendimentos inovadores", especialmente no desenvolvimento de aplicativos ou nos usos de recursos na internet, ou pelo vinculo a uma plataforma que estabeleça prêmios por uma suposta meritocracia, que na verdade representam uma ínfima participação da enorme mais valia relativa que obtém em suas operações.

Considerável parte desses jovens têm no próprio da infância o estímulo ao individualismo, substituindo brincadeiras coletivas, com as educativas disputas e alianças, substituídas por jogos eletrônicos de uso solitário.

Assim, as ações políticas de reversão do processo de concentração de renda e precarização do trabalho, as duas faces da forma como vem sendo implementada a Revolução Tecnológica, passam não apenas pela retomada do peso do Estado como articulador de um novo e mais inclusivo Contrato Social como também pela disputa ideológica contra o individualismo que torna trabalhadores submissos a maior máquina de concentração de rendas e, simultaneamente, abre espaço ao discursos de extrema direita repaginado em uma aliança com o capital financeiro.

Uma transição com tamanho impacto da vida de toda a humanidade não pode ser mensurada unicamente por parâmetros científicos e econômicos, devendo obrigatoriamente ser socialmente inclusiva.

BIBLIOGRAFIA

Calvino, Ítalo – As Cidades Invisíveis – Companhia das Letras - 1990

Hume, David - Investigações sobre o Entendimento humano - 1748 - Unesp – 2004

Feynman, Richards - Os Melhores Textos de R. Feynman - Blücher – 2015

Marx, Karl - O Capital - Boitempo – 2013

Said, Edward - Orientalismo - Companhia das Letras – 1996

Engels, Friedrich - A Situação da Classe Operária Inglesa - Boitempo – 2015

Durkheim, Émile - Da Divisão do Trabalho Social - Martins Fontes - 1999

Lênin, Vladimir - O Que Fazer - Zangu Cultural – 2014

Ford, Martin –"Rise of Robots: Technology and Thread of a Jobless Future - Basic Books – 2014

Keynes, John - The General Theory of Employment, Interest and Money" - Wordsworth Editions – 2017

Durant, Cèdric - Technoféodalisme Critique de l'économie numérique - La Découverte – 2020

Schwab, Klaus – A Quarta Revolução Industrial" - Edipro - 2016

Diesen, Glenn Diesen - Great Power Politics in the Fourth Industrial Revolution - I.B. Tauris - 2021

Adorno, Theodor - Horkheimrer, Max - Dialética do Esclarecimento - Zahar - 1985

Picketty, Thomas - O Capital no Século XXI - Intrínseca - 2014

Hilferding, Rudolf - O Capital Financeiro - Nova Cultural - 1984

Gramsci, Antonio - Americanismo e Fordismo - Cadernos do Cárcere vol.4 - Civilização Brasileira - 2001

Rifkin, Jeremy – The Zero Marginal Cost Society - Palgrave Macmillian - 2014

Hobsbawn, Eric - Da Revolução Industrial Inglesa ao Imperialismo - Forense - 1969

Schumpeter, Joseph - Capitalismo, socialismo e democracia - Unesp – 2016

Dowbur, Landislau - O capitalismo se desloca - Sesc - 2020

Freeman Jr, Charles – Arts of Power: Statecraft and Diplomacy - US Institute of Peace – 1997

Drumond de Andrade, Carlos - Receita de Ano Novo - Companhia das Letras - 2015

Konder, Leandro - O que é Dialética - Brasiliense - 1981

Marx, Karl - Capítulo VI (Inédito) Livro 1 O Capital - Boitempo – 2023

Habermas, Jurgen – Mudança Estrutural na Esfera Pública – Tempo Brasileiro – 2003

Baudrillard, Jean - À sombra das massas silenciosas: o fim do social e o surgimento das massas – Coletivo Sabotagem – 2005

Relatório no 20º Congresso do Partido Comunista da China – Xi Jinping

McLuhan, Marshal - Os Meios de Comunicação Como Extensões do Homem – Cultrix – 2005

Hudson, Michael – The Destiny of Civilization: Finance Capitalism, Industrial Capitalism or Socialism – Counter Punch – 2022

Krugman, Paul – Artigo intitulado "Super Ricos desencadearam forças que podem destruir os EUA; e é assustador" e publicado em 18.04.2023 no New York Times

www.ingramcontent.com/pod-product-compliance
Lightning Source LLC
Chambersburg PA
CBHW081731250726
48657CB00010B/3226